問君何事物認前
朝葡兩椰今歌舞
綠腰更有商胡詩
句拾鄉思萬里月
輪嬌東題

劉美觀先生長沙窯新著

汀琪齋

冯其庸先生题词释文

开天旧物认前朝　葡雨椰风舞绿腰
更有商胡诗句好　乡思万里月轮娇

奉题
刘美观先生长沙窑新著

冯其庸

解读长沙窑

刘美观　著

文物出版社

题　　签：冯其庸

摄　　影：郑　华
装帧设计：陈　瑞
责任印制：陆　联
责任编辑：王　扬　张广然

图书在版编目（CIP）数据

解读长沙窑/刘美观著.- 北京：文物出版社，2006.4
ISBN 7-5010-1798-0

I.解...　Ⅱ.刘...　Ⅲ.①瓷窑遗址-简介-长沙市②古代陶瓷-长沙
市-图集　Ⅳ.① K878.54 ② K876.32

中国版本图书馆 CIP 数据核字（2005）第 109297 号

解读长沙窑

文物出版社出版发行
（北京五四大街29号）
http://www.wenwu.com
E-mail:web@wenwu.com
北京圣彩虹制版印刷技术有限公司印刷
新 华 书 店 经 销
787 × 1092　1/16　印张：12
2006 年 4 月第一版　2006 年 4 月第一次印刷
ISBN 7-5010-1798-0/K · 954
定　价：138.00 元

序

"古岸陶为器，高林尽一焚。焰红湘浦口，烟烛洞庭云。迥野煤乱飞，遥空爆竹闻。地形穿凿势，恐到祝融坟。"唐湘籍诗人李群玉《石渚》诗，为我们展开了一幅湘江岸边石渚湖旁长沙窑场制陶的生动画卷……

在唐代，北有邢窑白瓷，南有越窑青瓷，都是当时极负盛名的窑口，可谓引领青白瓷时代。釉下彩在三国时期已经萌芽，尔后却出现断层现象。直至唐代长沙窑发明并大量使用釉下多彩，才开创了彩瓷的新时代。而长沙窑铜红釉的发现，则使红釉瓷器的历史提早了数百年之久。

伴随釉下多彩的发明和使用，长沙窑出现了大量的绘画和文字，特别是发现的许多阿拉伯文字以及具有中亚风情和佛教文化的绘画图案，这些丰富多彩的装饰扩充了陶瓷文化的内容，对研究唐代的经济状况、人文意识、文学艺术、社会风尚以及中外交流有着极其重要的意义。

上世纪80年代，我曾两次随耿宝昌先生到长沙窑遗址考察。面对蜿蜒清澈的湘江水，岸边和水中遗留的层层叠叠、不计其数、大大小小的残瓷碎片，不禁遐思悠悠，浮想联翩。这些造型古拙别致，装饰丰富的瓶、壶、罐、碗，憨态可掬、栩栩如生的狮象马牛、鸡鸭鹅鸟小玩具……谁是它们的亲生父母？在那渐渐逝去的久远年代，是谁设计了它们？是谁制作了它们？是谁将它们带到四面八方，乃至漂洋过海，远渡到异国他乡？谁曾用过它们？是诗人？是农夫？是商人？还是……？在竹子搭就的作坊中，在吱吱呀呀的转盘旁，那些挽着袖口的能工巧匠们，在旋削陶坯时，曾想过什么呢？这些普普通通的陶坯中，是否倾入了他们对生活的热爱，对未来的希冀，或异想天开的创造？在附近的客栈，又曾住过多少千万里之外跋山涉水而来的定货番客？他们是一群穿着长袍满面落腮胡的穆斯林？还是拎着军持自佛国而来的虔诚信徒？……他们长长睫毛下的双目是否也像我们今天一样瞪大，为匠师们娴熟精湛的技艺，为作品奇特的造型、美妙的花纹而欢呼和惊叹呢？

2000年，世纪之交，我又随耿先生飞越南太平洋，踏上美丽的大洋洲岛国——新西兰，考察"黑石号"沉船古瓷。"黑石号"是沉没在印度尼西亚领海爪哇东北部 Belitung Break Stone 附近的一艘中国唐代沉船，由德国海德堡大学与德国LTD海底探险公司合作打捞，共计出水文物60000余件。它们大部分被运到新西兰的奥克兰附近。我们到时正逢当地的秋天，库房周围成片的果园中，每棵树上都挂着高低错落的红色小苹果。放文物的库房如篮球场般大小，以长长的木板搭建而成，库房地面上一排排长约十几米的水槽中，数万件瓷器正被泡在淡水中脱盐。库房中有两小间工作室，用于修复残损的文物。操作台前，一位金发碧眼的意大利姑娘正在补画一件唐长沙窑青釉褐绿彩的花口碗的纹饰。我们兴致勃勃地看了所有的沉船打捞物，有如陕西何家村窖藏质量的金银錾花提梁壶与各式粉盒、铜镜、漆器残片、未经雕琢的琥珀、象牙棋子、紫石风字形砚等。最有价值的是三件唐代青花花口盘和有"唐乾元元年戊戌十一月廿九日于扬州扬子江心百炼造成"纪年铭的铜镜，及刻划"宝历二年七月十六日"款的长沙窑阿拉伯文碗。数万件唐代名窑瓷器更是令人震撼，有邢窑、越窑、长沙窑、水车窑、潮州窑等，其中邢窑器中有许多不为人知的珍品。而数量最多的是长沙窑瓷器，占全部出水物的70%以上。其品类丰富，千姿百态，令我印象极为深刻。

以上几次经历，使我对长沙窑有了更多的关注和进一步了解它的兴趣。2005年岁末，恰好文物出版社的朋友推荐给我一本《解读长沙窑》。回家后我在灯下静静翻阅，感到其文生动有趣、别有新意。

美观先生为湖南收藏家协会长沙窑研究会副会长，生于湘而长于湘，多年来工作之余忙里偷闲，遍访搜求长沙窑遗存。他的收藏中既有完整的作品也有大量的残片。他以多角度的视野，饱含激情，悉心研究，并超越通常研究性著作的定式，以文学散文的笔触，将长沙窑潜心解读，令人耳目一新。

他在《略谈釉上彩》中，认为瓷器的发明来自对美玉的追求，瓷器化妆土的使用是受古代漆器工艺的启迪；在《从唐朝来》中，认为长沙窑的对外交流地区可能远远超出了东南亚和阿拉伯世界，一些现今无法译出的文字有可能是古俄罗斯基里尔文；在《梦幻般的蓝色》《绚丽的铜红釉》中，提出长沙窑以铜红釉为主的窑变工艺，应超前于宋代的钧瓷，等等，都是长沙窑研究中比较新颖的提法。长沙窑的研究方兴未艾，书中对长沙窑的研究也不免有其局限性，有些观点也还值得进一步探讨，但无妨本书的价值及可读性。

在《创新的品格》中，他大力讴歌古代长沙窑能工巧匠们如泉涌如井喷一般层出不穷的创新和开拓精神；在《火凤凰与中国结》中，感叹近两百年来中国屈辱的历史，以长沙窑瓷壶上装饰的凤凰衔吉祥结，追溯中国工艺的绵绵悠长，期盼中华民族如浴火后永生的凤凰一样展翅高飞。作者对长沙窑及中华文化的真情流露，定能引起读者的共鸣。

在讴歌"诗书画"三绝的长沙窑的美文之外，还有珍贵的独家图片，更使本书增色。

愿推荐此书给所有和我一样喜欢长沙窑的朋友们。

陈华莎

2006年3月10日

目 录 CONTENTS

创新的品格

有人说，第一个将女人比作花的是天才，第二个是庸才，第三个是俗人。

循鲁迅先生的说法，第一个吃螃蟹的是勇士，第二个是胆小鬼，第三个是凡夫俗子。

以上说法如果是至理名言，这个"至理"不在于"颜如花"的说辞或"吃螃蟹"的勇敢，倒是揭示了创新的两个要素：智慧的创见和敢冒风险的实践勇气。或者说创新是先要有创见，而后还须把创见变为现实。

历史上的每一个创新都带给我们一阵惊喜，让我们登上一个新的台阶，进入一个新的天地。惊喜过后，台阶上可能长满了青苔，天地又归于平静。庸俗的人在享受过创新的无限乐趣和幸福之后，却早已把创新置于脑后，发出"不过如此"的蚁语。明智的人们则永远也不会忘记创新者的功劳，不会忘记创新的伟大和艰辛。当我们借助高速且舒适的现代化的交通工具周游世界时，能鄙薄早期蒸汽机的原始和粗糙吗？当我们借助各种现代音讯设备聆听无比美妙的音乐时，能取笑爱迪生的留声机发出的第一声"怪叫"吗？同样，当我们使用种类繁多、精美绝伦、五光十色的现代瓷器时，我们当然也不会因长沙窑瓷器的简朴和"土气"而忘记长沙窑，忘记长沙窑在陶瓷史上许许多多的创新！

尘封在地下一千余年的长沙窑瓷器一朝面世就引起人们的惊叹和热望，不是因为它的精致和准

彩把壶
高 10.2厘米　口径 4.7厘米

绿彩玉春壶
高 17.5厘米　口径 9.5厘米

彩釉残片组

确，也不是因为它的光亮和艳丽。人们首先见到的是一种质朴的自然美，犹如不加修饰的村姑一般。而后是因寻求现代瓷器许多技艺的源流而迷惘，豁然开朗引起的激动和兴奋。长沙窑的魅力来自它那虽然亘古却永远朝气的创新品格。

说到长沙窑的创新当首推它的釉下彩技术，在胎体上用彩色的釉汁绘制图案和文字，再在上面罩上一层透明的青釉，而后一起进窑烧结，这就是釉下彩技术，色泽永固，经久不衰，至今仍被陶瓷工艺普遍采用。

长沙窑的彩釉由各种不同的颜色组成，每一种颜色中又因为有所差别而形成一种新的颜色。科学揭示了各种色彩的形成都是由红、黄、蓝三种颜色互相调和产生的，又称红、黄、蓝三基色。这个三基色在长沙窑都已出现，因此，更多的异彩纷呈的色釉在长沙窑接踵而至。泛称的青釉中有深青、淡青、淡黄、深黄、橙黄。绿色中有透明的草绿、也有不透明的正绿，蓝色则有湖蓝、深蓝，红色则有深红、土红、紫红、玫瑰红，至于褐色、酱色的种类就更多了。就彩瓷的发展而言，任何一种没有过的釉色都可以认为是一个创新。至于世人关注的铜红釉，过去，陶瓷界普遍认为首创于宋代的钧窑，其实早在长沙窑就有了。对该窑红釉残片的理化分析表明，含铜量为1.5%，何况近来发现了一个专门用于研磨铜末的工具，上面书有"研铜末锤子，一两。咸通八年，匠人高防"的字样，更说明了铜红釉是长沙窑的一项技术创新。

类似于立体印刷术，重复、大量、机械般生产相同型号、相同尺寸的同一产品的"贴花"技术，当然是一种代表先进生产力的创新工艺。

在胎体上涂抹一层白色化妆粉，然后再施釉，这是长沙窑的特有工艺。化妆粉填补了胎体因瓷土质量不高和制作不精产生的少许凹痕，使胎体平整和白化，釉面质量大大提高，更加亮丽耀眼。这个技术很可能是借鉴了古代漆器的刮腻子工艺，但是用在瓷器上却是长沙窑的首创。随着陶瓷工艺的不断完善和成熟，这个化妆粉的工艺已经没有必要而淘汰了，却成了现在鉴别长沙窑瓷件的一个重要标志。

如果说长沙窑的技术创新主要是物质上的成就，那么，其艺术的创新更是一种精神上的发挥和奔放。长沙窑反映的艺术思维活动如泉涌，如井喷，艺术成就硕果累累，俯拾皆是。

没有曲线就没有艺术，不论这种曲线的艺术启迪是来自东方对大自然山水的感知还是西方对女人人体的钟情。用无数曲线及无数曲线组合而形成的各式各样的曲面体基本上囊括了古今壶、瓶、罐、碗等的所有造型，无一不优美绝伦，对于现代人来说，又无一不似曾相识，可以说，现代陶瓷器皿的造型相当多地来源于长沙窑的造型创新。

釉下彩的发明为瓷器装饰艺术的创新添上了自由的翅膀，各种全新的艺术形态如大河流水奔腾，如鸿雁海阔天空，在长沙窑的瓷件上充分展现，从而开辟了艺术的一个新领域。

解
读
长
沙
窑

绘鸟壶
高 17.5 厘米　口径 8.1 厘米

格言警句、乡言俚语、诗歌文章进到了长沙窑。当然是以文字的形式，也就是以书法的形式进入到瓷器的装饰中。过去的陶瓷也有少量的文字刻写，如纪年等，但还不能称作真正的书法艺术。彩釉的使用使得人们如同在纸上或竹简上一样地在瓷件上自由书写有丰富内容的文字，特别是诗歌，相当多的诗歌是当地窑工自己创作的，如一把执壶上用流畅的行书写有一首民间的小诗："小小竹林子，还生小小枝。将来作笔管，书得五言诗。"书法艺术加上诗歌艺术在长沙窑同时出现。这在陶瓷史上是前所未有的，却是以后的瓷器中大量采用的，正是长沙窑夺得了书法装饰的头筹，开创了一门新的艺术。

绘画是一门古老的艺术，发展到唐朝主要是在帛上和绢上作画，一般是比较细致的工笔画。在瓷器的胎体上用釉汁直接作画，不可能十分精细，一种用较软较粗的棉笔和较硬较细的铁笔共同在胎体上形成彩色的线条和填充并形成一种类似国画中的晕染层次的全新的"釉画"出现了。它实际上是以后文人的大写意绘画的草创和成功的尝试。在瓷件上用彩色绘大写意画是长沙窑创新，对以后瓷器的绘画装饰，特别是对中国画的发展产生了深远的影响。

长沙窑所处的小山村在唐朝的中国版图上只是一个小不点，在不长的一二百年间，在这个小地方，创新力却是如此的旺盛，不能不说是一个奇迹。产

文字壶
残高 18.7 厘米　底径 11 厘米

贴花壶
高 18.2 厘米　口径 7.5 厘米

生的原因，依余见，以皇室为代表的正统文化的强劲辐射是首因，阳光普照，南荒之地的穷乡僻壤依然惠泽，从"仁、义、礼、智、信"等文字的出现就可以看到这种穿透的力度。但毕竟远离皇城长安，正统桎梏之外，尚存了一个思想自由发挥的隙缝和空间，更有中外文化在此活跃交流，碰撞交集，互为借鉴，特别是成熟的市场经济的强大推动。这样，一个活力四射、成果斐然的长沙窑展现在我们面前，让世人刮目相看。

历数长沙窑的诸多创新，我们不得不为先民们的智慧和敢于付诸实践的勇气以及巨大的成功而折服。我们说长沙窑是湖湘文化的代表之一，其精髓就是这种创新精神。这些成果有些已经更加完善而发扬光大了，有些被新的创新成果所替代而淘汰了。不论怎样，这种创新的精神却是永恒的，这种精神过去使得中华文化历尽万劫而不灭，今后也将昭示后人，中华文化定能永远生生不息，万世绵延。

火凤凰与中国结

"春潮涨了……生潮涨了……凤凰和鸣：我们更生了。"

郭沫若先生一首《凤凰涅槃》，在旧中国，以浴火中再生的凤凰，鼓舞了多少青年人斗争的勇气，带给了多少青年人光明的希望！

凤凰，传说中的神鸟，百鸟之王。"出于东方君子之国，翱翔四海之外，过昆仑，饮砥柱，羽弱水，莫宿风穴"。满五百岁后，集香木而自焚，复从死灰中更生，永不再死。它是人们心中的图腾和偶像，吉祥和永生的象征，世代相传，历久不衰。

说不完的故事传说，写不完的诗词歌赋，数不清的雕塑绘画，构成了中华特有的凤凰文化。最近的考古发掘表明，七千四百年前的陶罐上就留下了凤凰的身影，当时，也许人类刚刚结束钻木取火的蛮荒时代而始迈入文明社会。可以这样说，随着中华文明的产生和发展，凤凰就作为一个理想的图腾与中华民族依依相伴，同生共荣，成为中华文化这个有机体俨然不可分割的一部分。

世世代代，人们之所以对凤凰如此的崇拜和敬仰，首先是它的美丽而高大，作为一个集众多动物形象于一身的神鸟，鸡首、鱼尾，五彩色，高六尺，美妙而神奇，雍容而可亲。它的伟大之处还在于它的勇于献身和浴火再生的不老不死的精神：也许梧桐枯槁，醴泉消歇，也许世道冷酷，天黑如漆，跨不过的大海，迈不过的坎，有何畏哉？集香木而自焚，浴火中求再生，五百年又是一条好汉！何等伟岸，何等壮烈。这正是中华民族不屈不挠、百折不回的象征！当然，它浪漫多情，亲民爱民，趋音乐而飞翔，有凤来仪，将幸福和爱情洒满人间，以无穷之神力，排除万难，把吉祥和美好带给人们。

2001年7月13日，北京申奥终于获得成功，当红色的中国结在莫斯科的街头和申奥大厅飘荡时，外国人看到的只是一个美丽的中国工艺品，而在国人的心中却萦绕着几千年来的历史情结：往昔的汉唐辉

解读长沙窑

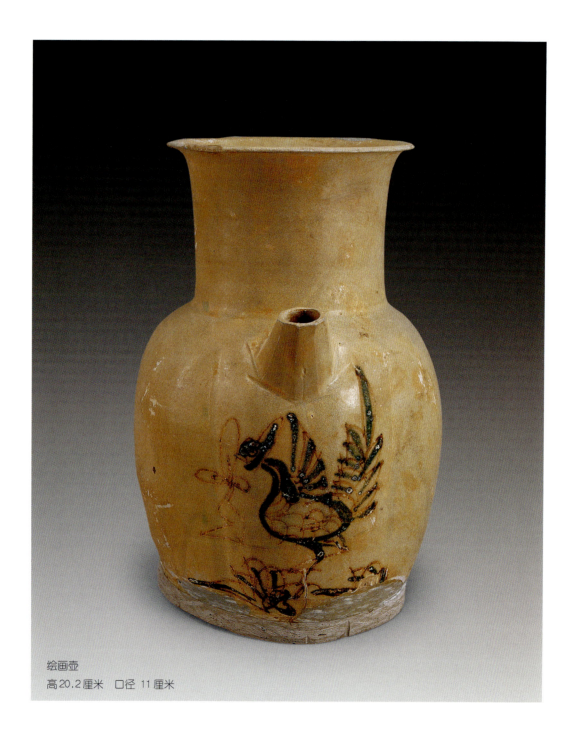

绘画壶
高20.2厘米 口径 11 厘米

煌，近几百年的民族悲哀，东亚病夫的耻辱，中华复兴的希望。这就是"文丝结龙凤，缕彩织云霞"的中国结，这就是只有中国人能够解读，蕴涵中国人情致与智慧的中国结。

　　用一根二维的绳索，编结成各种复杂曼妙的曲线和图案，形成一个寓意无穷的中国结，溯其源，应是由上古的结绳记事演变而来。而在这个漫长的演变过程中，多愁善感的人们将它赋予了许多美好的情感和愿望。因情感愿望的不同又编结成不同的图案，有示意婚姻白头偕老的"盘长结"、"同心结"、"鱼结"，有寄意相爱相依永相随，进一步引申为称心如意的"如意结"，亦有代表大吉大利，祥瑞幸福的"吉字结"、"蝙蝠结"、"金钱结"……还有一层难以明了的文字象意，就是这个"结"字了，结义、结社、结盟、结婚、结合、结亲，结局、结果、结束，无一不是社会生活的千种交结，人们心中的万般情结。真是说不明，道不白，扯不清，解不开的中国结！

　　送给爱人一个结，爱情甜蜜蜜；送上一颗心，"心似双丝网，中有千千结。"送给孩子一个结，平安祝愿系一生。家中挂上一个结，吉祥如意屋生辉。献给祖国亿亿结，祖国强盛万万年！

　　有谁将火凤凰和中国结巧妙地连到一起，唯有聪慧的大唐先民。请看，一把长沙窑的瓷壶上，呈给我们一幅美好的画面：一只美丽矫健的火凤凰，停立在茂蔓的青草地上，口衔一只飘扬的中国结。这可是一千年前唐朝的一把瓷壶，这可是一千年前长沙窑普通窑工的一幅绘画。以此无可辩驳地证明火凤凰的传说、中国结的历史是何等的遥远悠久，至少在唐朝已是家喻户晓之事。欣赏这古老的瓷壶、古老的绘画、古老的祝福，我们看到的是口衔绳结的凤凰，将凤凰和中国结这两个吉祥物结合在一起的艺术形象，所体现的永结秦晋之好的寓意；所表露的对幸福吉祥的无限追求——好事成双、好上加好的心态。这种执著追求正是中华民族的优良传统，现在仍是激励我们奋发向上、永无止境的精神动力。

地火中冶炼了一千年的火凤凰，泥土中蒙尘了一千年的中国结，今日破土而出，带给我们良好的祝愿。这难道不是一种预兆？预示着中华民族如浴火中永生的凤凰，展翅高飞，未来是光明的太阳。

我们新鲜，我们净朗，我们华美，我们芬芳，翱翔！翱翔！欢唱！欢唱！不朽的中国结，永生的火凤凰！

一幅花鸟画

一件带两系的执壶，尽管壶口没有了，其他绝大部分保存完好，整体而言仍不失为长沙窑的一件精品。

现存大小尺寸如下：高为 14.5 厘米，底径为 9.6 厘米，最大腹径为 11 厘米。

首先是造型优美，曲线流畅，比例协调，中间镶嵌着八方短流嘴，两边对称装上小系，小系仿佛用铆钉钉在壶上。流嘴和小系不大不小，装得也不高不低，不左不右，十分得体。胎体呈灰白色，厚薄均匀适度，釉面是典型的青釉，光亮通透。

这件瓷壶最出色的应该是它的装饰画了，湖面上，莲荷茂盛，荷枝茁壮生长，荷叶面大肥美，荷花丰满，含苞欲放，一只鸳鸯眼睛闪烁，穿莲带荷，缓缓前行。好一幅美丽、悠闲、宁静的江南水乡图。

在一个不大的瓷壶上，绘制这样一幅水乡图，自然得体，布局恰当：鸳鸯居其中，两枝荷花一高一低置两边，下面是满湖的荷叶，对称中有变化，静中有动。

先用粗笔蘸绿釉勾画出轮廓，自然形成色彩层次及晕染，然后用细的硬笔蘸红釉勾勒出细线或进行修饰，由于笔较硬，在胎体上留下凹痕，使画面略带立体感。在两边的系下面也用红绿两色釉以系下"铆钉"为中心绘成若干条同心的"桃"形图案，分外美丽而别致。毕竟画在瓷壶的立体曲

花鸟壶
高14.5厘米　底径9.6厘米

面上，一眼望去，整个画面难收眼底，通过照相、拼图、制作，一幅花鸟画的横幅呈现在我们面前。这可是一千年前的"釉画"！是不是可以冠名为"鸳鸯莲子图"？千百年来人们祝愿爱情美满，家庭幸福，多子多福，这是天性使然，人性使然，绵延至今，以至永远。感谢长沙窑的窑工们留下了一幅美好的图画，这样，我们就得以将一千年前唐人的良好祝愿继续献给所有的读者。

这幅画即使在长沙窑瓷件的绘画中，也因其与众不同而具有特殊的价值和位置，画面清晰，构图完整。一般绘鸟类、绘莲花，都是分别独立绘制在不同的瓷件上，而今却是将鸳鸯与莲荷有机地结合在一幅画面上。在众多的鸟类绘画中，

鹭鸶、大雁、飞鸟都较多出现，画鸳鸯的不多，而且此件有珍贵的红釉大量出现此画面中。大家知道，长沙窑发明了釉下彩，这样才出现了五颜六色的绘画，而彩釉的顶峰就是铜红釉，红釉在长沙窑中可说是"千金难求"。

在有绘画的长沙窑瓷件中极少出现文字，可是在这把瓷壶上既有绘画，又在右系与柄之间书写一行文字，文为"丙子年二月十八日建造"。

现存湖南省博物馆有一长沙窑瓷壶[注]，其造型、大小，绘画特征（画的是一只鹭），其釉面颜色及质地与本文的瓷壶如出一辙，是不是出自同一人之手很难说清。巧的是在右系与柄之间也书写一行文字，为"大中九年五月二十八日建"，看字迹颇似一人所书。不管怎样，就算是这两把壶非一人所造，至少也应该是同时代的产品吧。经查，大中九年为公元855年，那么，本文的这把瓷壶的文字是"丙子年二月十八日建造"，就应该是大中十年即公元856年了。

[注] 见《长沙窑》图版88，紫禁城出版社出版。又《长沙窑瓷》彩图6，周世荣著，江西美术出版社出版。

梦幻般的蓝色

红釉爪

蓝釉壶
高11.5厘米　口径4厘米

大自然是色彩斑斓的。在人类历史发展的长河中，人们总是不断地将大自然的色彩引入到生活中来。寻找天然染料将衣服染色，从岩画、壁画到帛绢以及纸上绘画，女人们对镜贴鹅黄，古人莫不如此。后人从黑白照相到彩照，从黑白电影到彩色电影，从黑白电视机到彩电……用科学的、技术的、艺术的手段对色彩苦苦追求，不断地探索，不断地创新、不断地获得成功，无一不是源于祖先们对色彩认知的启迪。

中国的瓷器经历了漫长的青瓷和白瓷的单色时代后，长沙窑的先人们以无限的想象力和智慧发明了釉下彩。釉下彩的使用开创了瓷器的一个新时代，中国瓷器从此踏上了一条五彩缤纷的道路。

长沙窑的青瓷逐步显出黄色，居然第一次烧出了铜红釉，蓝釉愈用愈多，愈成熟。正是红、黄、蓝三基色绘出了长沙窑的五彩世界，奠定了彩瓷的基础。科学地说，长沙窑开创了彩瓷时代，它的充分证明应是三基色的出现和相互调和变化。这些天然色料，是先人们从种种矿物质和草木中提取来的。

谈到长沙窑的釉下彩，人们对铜红釉就赞不绝口。当这种红色第一次出现在瓷器上时，世界为之一震。窃以为，长沙窑的铜红釉往往是釉料配方刚好合适，施釉浓度和厚薄刚好合适，进窑烧结时温度和氛围刚好合适，这样才能成功。因此红釉一

蓝釉壶
高14.5厘米 口径8.6厘米

宝石蓝壶
高11.5厘米 底径5.8厘米

蓝釉水盂
高4.1厘米　腹径5.5厘米

蓝釉图案（枕面）
长13.8厘米　宽6.2厘米

般只能星星点点或者少量局部地出现在釉面上。即使有较大的瓷件整个表面都是铜红釉，红色一般难以全部均匀。

蓝色则不然。当然，蓝釉的出现首先得益于绿釉的发明。开始，就好像"青出于蓝而胜于蓝"一样，也是绿釉在窑体烧结时，在合适的条件下，变成了湖蓝。最初只是局部或少量地出现在釉面的装饰上。随着不断地摸索、试验、总结，长沙窑的先民们便很好地掌握了蓝色的釉料配方、施釉的工艺、窑烧的技术。他们或绘画于图案中，像百姓的印花布一样；或将文字书写在瓷件上，如现代的"蓝墨水"一样。长沙窑中，运用"蓝色"的技术如此成熟，蓝色的装饰亦如此美丽。以后中国的五颜六色的彩瓷，特别是高贵典雅的青花瓷，难道不是长沙窑的蓝釉夺其先声，开创了它的未来？

秋高气爽的天空是蔚蓝色的，辽阔宁静的大海是深蓝色的，闪亮的蓝宝石代表了忠贞，"蓝色文化"充满了梦幻！长沙窑的先民们把蓝釉用到了瓷器上，也就把美丽的梦幻带到了我们的生活中。我们为蓝色而骄傲！

彩釉局部

鸡
长5.5厘米 高4.9厘米

绚丽的铜红釉

　　大自然中，红色可能是最耀眼的色彩了。中国人对红色的热爱可以说到了无以复加的地步，称红色为国色也不为过。在人们的日常生活中，凡大喜大庆大好大美的活动无一不与红色联系在一起。红色是生命、活力、火热、旺盛的象征，是极好极美极喜的代名词，是美好现实和美好希望的极端化的表现色彩，是唯一没有缺点、没有贬义的颜色。任何艰难困苦，任何忧愁悲伤一遇到红色仿佛就冰雪消融，逢凶化吉，因此，它又是吉祥的化身。

　　人们对红色的热爱当然也反映到对红色的追求上来，历史上很早就发现和使用朱砂作为红色的颜料。长沙窑发明了彩釉，使本来比较单调的单色釉瓷器一下子变得丰富多彩，可是，在这色彩斑斓的釉下彩中，怎么能够缺少了红色呢？

　　长沙窑的先民们的确开始了这种追求，尽管这个追求充满了艰辛，或许还带有一定的偶然性，但是，他们毕竟得到了，且不说完全的成功。这就是铜红釉！是陶瓷史上红色的第一次获得。

　　现代的科学技术使人们对各种红色釉料掌握自如，就是一直难求的大红釉技术也终于攻克并能批量生产，因而起名为"中华红"。一千年前的唐代，科学技术远不如今天发达，长沙窑获得铜红釉显然带有一定的偶然性，那是一种含有铜元素的釉料，在釉料浓度、釉层厚薄、烧结温度、窑内氛围诸条件刚好互相满足才能出现红色。一只瓷壶残件的两面，几乎相同的图案，同一种釉料，一面因条件合适生成了红色，一面还是蓝色。这种互相满足的条件不是通过科学的理化分析而获得，也不可能通过科学的手段去控制，全凭经验与巧合，当然，成功的几率就很小了，因此，长沙窑铜红釉的瓷器出产得很少很少，存世的就更少更少。今天，求得一件长沙窑铜红釉

红釉壶

高22.9厘米　底径11.5厘米

解读长沙窑

残件（正面）
残高14.5厘米 底径10厘米

残件（背面）

瓷器，不说踏破铁鞋无从寻觅，就是能够见上一见，也是三生有幸了。

眼前的是长沙窑的一把酒壶，就造型来看，应是该窑的中晚期产品。令人惊叹的是在青釉的背景下突现了大片的红色，在这大片的红色中又分成两片，一片呈玫瑰红，一片呈紫红。当然，这一片片玫瑰红的色彩更加美丽动人。

大自然的造化简直妙不可言，有时令你不可思议。张家界的群山，鬼斧神工；天边的云彩，虚无飘渺。这就是大自然，这就是大自然的神力。现代的人类可以移山填海，可以上天揽月，可以造就钢筋水泥的森林城市。但就是造不出张家界，造不出天上的云，即或造出类似的东西，也难以掩盖人工的痕迹，总是不那么"自然"。

红色釉也是如此，现代的陶瓷制作技术对红釉已经完全能够控制，红色只能循着人们设计的轨迹去延伸，去涂抹，也试图仿造大自然的色彩，那就要看画家的功力了，再高明的画家也不能制造大自然！在釉中搀和一种特殊的物质，在高温窑中爆裂成"自然"的花纹，叫结晶釉，这个结晶釉曾经给人带来过一阵惊喜，但也仅仅是昙花一现。

长沙窑的铜红釉则不然，你看，在青釉的衬托下，一片玫瑰红，一片紫红，互相渗透，即使在成片的玫瑰红或紫红中也不是千篇一律而是千变万化，这才是一种真正的自然的美。产生的原因前已述及，壶面的釉料浓度不同，厚薄不同，窑内的温度不同，氛围不同，形成了不同种类、不同层次的美丽的红色釉。这种美丽来源于对红釉技术掌握的不足，是一种先天的不足，一种天然的不足，正是这种不足却产生了一种自然的红色美，真是"失之东隅，收之桑榆"。

这一片片的红釉彩，有如一抹雨后的晚霞，暮色尽管将至，趁早欣赏这美丽柔和的红霞吧，将美好留在夜晚的回忆中。

这一片片的红釉彩，有如远望一片宽广无垠的玫瑰园，望不到头的玫瑰园，看不尽的红玫瑰，仿佛香气阵阵扑来，让你陶醉，让你痴狂。

这一片片的红釉彩，又如少女腼腆时脸上的一片飞红，人见人爱，让生活充满了绚丽的色彩。

略谈釉上彩

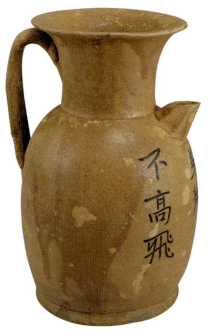

文字壶
高17.6厘米　口径8.8厘米

　　曾经看过一些汉代的漆器，发觉东汉的漆器耳杯无论是制作还是装饰上，其工艺水平反不如年代更远的西汉的产品，当时多有不解。现在想来，尽管原因诸多，但东汉的瓷器已经越过了原始瓷的阶段，接近了现代瓷的水平并大量生产了杯、碗等日常用品而逐步替代了这类漆器应是重要原因之一。中国人在瓷器发明之前就发现了生漆和桐油，并用在唾手可得的木材上加工制作漆器，和瓷器、造纸、印刷术等一样都是对人类文明的重大贡献。漆器工艺经过几千年，延续到现在，主要是用来制作美丽的工艺品了，其实用性的初衷早已退居其次。

　　人类发明陶器是很遥远的事，但将陶器变为真正意义上的瓷器，则不过一千多年的光景。玉石晶莹剔透，光彩照人，中国人很早就发现了玉，并知晓了如何琢玉和欣赏玉，进而形成了特色鲜明的玉文化。然而千金易得，美玉难求，一块"和氏璧"，价值连城，若不是蔺相如"完璧归赵"，秦王为获得此玉差点丢城失地。玉既稀罕，人们很自然地想通过自己的手制造出像玉一样的东西来，因此瓷器的发明可能来自于人们对玉的认知和追求，说来也不无道理。

　　瓷器的发明在漆器之后，因而瓷器的制造工艺受到漆器工艺的启迪和借鉴，看来是有迹可循的，一千年前的唐长沙窑的瓷器工艺特别是釉下彩的工艺就是个有力的佐证。长沙窑制作釉下彩瓷器时，先在胎体外涂上一层化妆粉，如同漆器制作时先在木胎上刮腻子一样，然后在胎体上用色釉着彩、绘画、写字，最后罩上一层青釉，类似于制作漆器时在底漆上绘画写字，以后再涂罩若干层清漆一般。

在漆器的制作中，可以在底漆上绘画，再罩清漆，也可以在较亮的底漆上直接绘画而不再罩清漆，瓷器对它的模仿就是釉下彩和釉上彩，这两种工艺在现代的瓷器生产中都已经实现并十分成熟，而在长沙窑的瓷器中，大量的是釉下彩，不见或基本上不见釉上彩，则令人颇生疑惑。

仔细观察长沙窑的彩釉瓷，我们发现，之所以大量出现釉下彩，是因为当时彩釉配方及技术水平不高决定的。试看一个长沙窑的彩盘，其褐色的绘画和文字显然是在胎体上一次完成，然后在周边施上一圈较宽的青釉，留下暴露胎体的"玉璧"底，施加青釉的褐釉线条尽管略微受到浸润但和青釉一样泛着光亮，而"玉璧"底上的褐釉线条清晰却黯然无光。在一些没有罩青釉的绿釉瓷器上同样只呈现哑光的绿色，道理也是一样的。余以为，长沙窑之前有岳州窑，同时代还有越窑，青釉的技术已是完全成熟，高温下烧制的青釉既牢实又光亮，而长沙窑发明的彩釉配方及技术的不够成熟，在同一个高温下烧制，无法出现如青釉一般的光亮效果，只

彩绘碟
口径14厘米　高2.5厘米

好在彩釉之上再加一层青（白）釉来弥补了（釉下彩），即或如此，青釉下的彩釉有时依然经不起高温而出现流动甚至严重流动的现象。如果在青釉上再绘彩釉（釉上彩），必然是"瑕能掩瑜"，自暴其短。

近现代的彩釉技术已是炉火纯青，烧制的彩釉既艳丽又光亮，无论是釉下彩还是釉上彩，随意听从人们的安排，满足装饰的需要。早期釉上彩经不起长期磨损，彩釉容易脱落的缺点也已完全克服。

其实，长沙窑不是完全没有釉上彩，应该说也进行了这方面的尝试，偶尔也能成功。请看一个长沙窑的执壶，略带橙色的青釉面上有数个文字，文字用黑釉写成，黑釉较厚且凸出青釉面而呈立体感，黑釉不甚光亮，有一较大的脱釉处，青釉脱落了，黑字也脱落了，极少的黑色痕迹应是黑釉渗透所致，此件瓷器极有可能是一件釉上彩的作品。

长沙窑有否釉上彩，当然是一个值得深入研究的课题，但不管如何，长沙窑发明了彩釉（釉下彩）是不争的事实，这是中国瓷器发展史上里程碑式的贡献。

从山里看“海”

  长沙市附近的望城县有一个古村，依傍在湘江边，乃一片丘陵山地，山不高，水不深，却是群山环抱，满目葱茏。青山，绿水，农舍，田园，炊烟缭绕，鱼跃稻香，好一个江南鱼米之乡！站在山上望去，滔滔湘江北去，但是无论怎样远望，凭肉眼永远也看不到遥远的大海。可是，在一千年前，在这个山里，我们却看见了“大海”，那是陶瓷的海，文化的海，艺术的海。因为这里就是长沙窑的所在地，这里生产了海派的瓷器，浸染了海派的文化，让你闻到了海洋的气息。

  可不，你看这样一把带横柄的瓷壶，通体是乳白色的哑光釉面，主体是圆而方的筒形，壶面上满缀着十来个“贴片”，有游动的小鱼，展翅的大鹏，抖动的树叶，舞蹈的胡人，褐绿彩釉施于其上，似浮雕，又似在银片上模压而成。帽盖上一只拟人的小狮，手叉着腰半蹲着。壶的前端是一个似张弓的流嘴，细长而弯曲。壶后是一段青竹似的横柄，柄与壶之间立着一个小洋人，与小狮子隔壶相望。煮牛奶？煮咖啡？显而易见是一件外国人士乐于接受、符合洋人情趣的精致的日常用品，仿佛是一件现代的“舶来品”。

  再来看一把曲柄的执壶，乳白色的釉面上自然地流动着绿色的浮云，既浪漫又自由，你说像什么，又不像什么；你说不像什么，又像什么，这不就是一幅来自国外的现代抽象画？它的动感，它的线条，它的色彩，它与整个壶体的完美组合，无不以强烈的现代意识冲击着人们的视觉，使人耳目一新。加之它的不可重复性，触动着人们的灵感，成为许多现代的商标、会标等艺术创作的源泉。是谁制造了这把美丽的瓷壶呢？

  至于说那些模仿金属器皿工艺、用点彩构成几何图案的瓷罐，在无数的瓷壶、瓷罐的“贴花”中，威武雄壮的外国武士，迎风而立的

解
读
长
沙
窑

横柄贴花多彩壶
高26厘米　长11.5厘米　宽11.5厘米

椰枣树，果实累累的葡萄……还有大大小小的背壶，显然是游牧民族骑马驰骋草原的用品。这些都会给你带来种种异域风情，不尽的异域的遐思和感念。

如果说以上这些还只能带动你对异域的联想，那么我们不妨再看一只瓷碗，有人说这是一只外国人吃"抓饭"的瓷碗。青黄光亮的釉面，在碗心赫然书写着一些外国文字，文字的国（族）籍和内容至今尚未考证明白，但可以肯定它不是中国民族的文字。

看着这些图案，读着这些文字，我们好像飘洋过海，在国外的瓷器商店里游荡，也仿佛留连在国外的博物馆中。然而不是，所有这一

绿彩白釉壶
高19厘米　口径10厘米

点彩罐
高15厘米　口径15厘米

切的瓷壶、瓷罐、瓷碗，所有这些的外国图案和文字，都深深地埋藏在本文开头所说的古长沙窑的山中和地下，在尘封了一千年，经历了漫长岁月的洗礼之后，终于呈现在我们的面前。这样，在一千年前，在湘中大地的一个普通山村里，我们从视觉中、从印象中、从感悟中、从心中真正地看到了大海。

观赏这些千年前的海派瓷器，享受如此洋气的艺术风情，领略这么博大精深的海派文化，难道我们不遐思万种，浮想联翩？

当我们终于从闭关锁国的噩梦中醒来，打开国门，向世界开放的时候，新的观念、新的技术、新的物资、新的文化排山倒海似地向我们涌来，我们呼吸着域外的空气，看到一个全新的世界、一个花花绿绿的五彩世界。我们和世界交换、交流、交融，因此，国家经济飞速发展，人民生活水平迅速提高，社会亦愈丰富多彩，我们为此而欢欣鼓舞。你可曾想到，我们的祖先在一千年前就尝试过，当然其规模、其理念与今天不可同日而语，本文中众多的长沙窑海派瓷器就说明了这一点。一千年前的唐朝，穿胡服，听胡音，跳胡舞，而中国的丝绸、瓷器、茶叶和文字书法以至"四书"、"五经"也流传到全世界，唐朝因此而更加发达强盛，世界因此而更加文明前进。

当我们今天开展来样加工，大进大出地生产着国外订货的服装、玩具及各种电子机械产品时，其实，一千年前的长沙窑也类似做过。本文的那些洋

壶、洋罐、洋碗不就是来样加工销往国外的MADE
IN CHINA！

　　中外文化在这里交会、交融，然后各自散播开
去，促进了人类社会的进步和发展。这样美好的中
外交流的事情，不知什么原因，仅仅只在明朝因郑
和下西洋闪亮了一下，居然一停就是一千年，难道
不值得我们用心地研究和深刻地反思？

绿釉圆背水壶
高23.5厘米　口径4.5厘米

绿釉扁背水壶
高20.3厘米　口径3.2厘米

胡人雕塑　高6厘米

外文残片
长12厘米　宽12厘米

从唐朝来

在国力强盛、经济发达的唐代，中国威名远播，光芒四射，雄踞中原却没有居高自傲，恃强凌弱。对内采取正确的民族政策，各兄弟民族平等相处，海内一家。对外洞开国门，兼收并蓄，雍容大度，四海臣服。政治稳定、经济繁荣、文化发达、军力强大的唐王朝在漫长的中国封建社会里登峰造极，在世界的视野里也是首屈一指。

开放的唐朝促进了中外各个方面、各个层次的交流，首都长安各国宾客云集，陆上和海上的"丝绸之路"、"瓷器之路"，车马帆船络绎不绝。

长沙窑的瓷器作为中外贸易的大宗货物，作为文化交流的使者在中外交流史上占据了重要的一页。在伊拉克、伊朗等南亚地区，在马来西亚、泰国等东南亚地区，在日本、朝鲜陆续出土的长沙窑瓷器均证明了这一点，在长沙窑窑址发现的大量实物也说明了这一点。

当我们试图将唐长沙窑的中外交流的触角伸向更多更远的地方时，意外地发现了一只瓷碗。

这是一个呈黄色的青瓷碗，除边沿有一处略有缺损外，整体可说十分完好，碗径为12.6厘米，高为4.1厘米。釉面光洁，特别是碗内釉面光亮致密，经年在地下形成的土沁面积大且显眼。碗面呈曲面，弧度较大。用于吃抓饭应很合适，用于喝茶喝水当然也无不可。

外文碗
高4.3厘米　口径12.6厘米

它的惊人之处在于碗内横着书写了一排手写体外文，用笔非常流畅，不是外国人亲自书写似乎难以完成，字是用蓝釉而且是用软笔写的，字下面有一条不规则的略为弯曲的波线，主要用于装饰或起"强调"作用。

但是，这排文字究竟是哪国的文字？文字又是什么意思？循着原已知道的长沙窑与国外交往的轨迹，怎么也找不到答案，当我们将视线投向俄罗斯时却似乎发现了一点什么。

根据史料的记载，古俄罗斯人在9世纪中叶已经有了文字和文字记载，由于种种原因，这些文字记载没有流传下来，保留至今最古老的俄语文献也是11世纪的，而流传至今的最早俄语文献是用斯拉夫文字的基里尔字母书写的，基里尔字母产生于公元863年。唐朝亡国是在公元907年，这只碗产于唐长沙窑，那么它的生产年代应为9世纪中叶至10世纪中叶。因此，如果碗上的文字是俄文也应该是用基里尔字母书写的。试着用基里尔字母对照碗上的文字可认为是"С Ｔw i",和现代俄文字母对照,w 即 o,i 即 u,即是"С Ｔou",用汉语拼音标音为"Ｓ Ｔoy"而"С"在俄语中为前置词,意思是"从……来"。"Ｔou"与"Ｔoy"的发音类似,应是"唐"字的不准确发音。"С Ｔwi"按古俄语就是"从唐来"的意思。那么翻译得更好一点,就成了"从唐朝来","从中国来",翻译成现代汉语不就是"中国制造"吗?〔注〕

如果这种翻译成立,那么在长沙窑与国外交往的历史中,就增加了崭新的内容,也平添了许多传奇色彩,似乎在告诉人们,一千年前的唐朝,有俄罗斯或者斯拉夫的高人在湖南的湘江边,在偏僻的石渚湖畔的小山村,在长沙窑留下了不朽的手迹!或许这就是俄文最早记载的实物发现,难道这不是令现代中国人、特别是现代俄罗斯人万分兴奋和激动的事情!

很自然,我想起了唐人街。

唐人街是国外华人、华侨聚居的街区泛称,沿袭已久,但溯源应是从唐朝开始。而且,"唐人街"这个名字的发明权也应属于外国人。

唐朝国力强盛,与外国交往频繁。在唐朝的各大城市,特别在西安,有大量的外国人来学习、交流、贸易,当然,肯定也有许多的中国人去到世界各地讲学、交流、做生意,甚至定居。真正出现大量的中外人民交流起始于汉而盛于唐,而世界各国人民真正认识中国、认识中国人也是从唐朝开始。当时外国还没有流行"中国"或"中华"这个词,"唐"这个字却风靡世界,因此,对于那些黄皮肤、黑头发、黑眼睛的中国人,很自然叫作"唐人",就像我们称外国(族)人过去为"番人",以后叫"洋人",现在叫"老外"一样,是一种民间口头语,习惯了,也就世代相传了。

没有唐朝,就没有今天所称的长沙窑。来了唐人,就有了唐人街!

〔注〕 参见华中师范大学编《俄语历史语法概论》。

疑义相与析

根据有关资料，长沙窑有大量的产品出口，而且主要是由扬州经海上"瓷器之路"输送到日本、东南亚，远至阿拉伯地区。其中以贴花壶和碗类居多，在这些瓷器上偶尔还留有外国的文字，这都有出土实物为证。今有一只碗，碗径14厘米，碗高4厘米，圈足，足径5厘米，造型较规范，碗壁很薄而较少见。碗的内外都曾施有青釉，大部分有不规则的剥落，碗沿四处对称蘸酱釉，碗内用绿釉任意勾画出许多曲线，构成一组离奇的图案。几乎全部的釉质因为岁月无情的侵蚀，加上长年的土沁，都已经损坏或暗淡无光了，仅有一部分画成曲线的绿釉保存较好，颜色鲜艳，依然闪闪有光泽。循着绿色的曲线和残留的曲线笔迹，尽可能地勾勒、描画、填色，以便读者观察碗的内壁。这究竟是文字还是图案，是文字又是什么文字？是图案又是什么图案？经向人请教，也无从得到答案。如此，只有奉献给广大读者，希望能有所获，并一起来研究和欣赏。

碗
高4厘米　口径14厘米

民间书法

书法艺术发展到唐朝至鼎盛,产生了一大批著名的书法家,早期有欧、虞、褚、薛四大家,盛唐有颜真卿,以后还有柳公权,草书名家则有怀素、张旭等。纸和绢是有机物,保管太过困难,因而这些书法家在纸绢上的真迹存世得极少极少。由于唐时刻碑成习,诸多大家的部分字迹得以碑帖的形式保留下来,至今仍是我们学习书法临摹的范本,但毕竟不是手迹。另外,敦煌的发现得到了不少的纸质经文手抄本,这样使我们较多地看到了一些唐代的文字手迹,但也只是经文书法而已。人们发明文字的初衷并不只是为了书法艺术,也不仅仅是为传播佛教去抄写经文,而是为了满足社会生活所需的文字记载,使用文字最多的还是广大的人民群众。一千二百年前的唐朝民间,他们在如何使用文字?他们的书法艺术如何?他们的字迹在哪里?这些问题,过去我们可能不敢想象,因为作为文字主要载体的纸、绢经不起千年岁月的侵蚀而几近消亡,使得存世的名家书法作品都是凤毛麟角,普通百姓的文字手迹似乎更难寻觅。

当我们对唐朝民间的文字真迹不存任何奢望时,长沙窑却给了我们一个不小的惊喜。长沙窑凭借不朽的瓷器,凭借不朽的釉下彩,将诸多的民众文字手迹奉献到我们面前。长沙窑的瓷器中确实留下了许多的文字,它们或写成诗歌,或写成短语,

文字壶
高19.5厘米　口径10.2厘米

或记年记事，或记下姓氏，这些文字全都出自普通的窑工之手，虽不是大家之作，但却是一千多年前的手写真迹。

在先辈留下的大量的文物中，没有什么比文字更能传递最准确、最丰富的信息了。长沙窑的这些质朴的文字为研究一千多年以前唐朝的民间生活提供了极为珍贵的实物资料。研究这些文字的内容，是需要众多专家严肃细致长期努力的事情。如果我们暂且撇开这些文字的内涵，仅仅观察一下文字的表现形式，或是书写的方法，或叫书法吧，确是一件十分有意义的事，从中或许能够发现许多意趣。

稍加观察便知，长沙窑的大部分文字用行书体写成，少部分为草书，极少出现隶、篆、楷书。唐朝社会由于纸张的广泛使用，经济活动的勃兴以及公民较高的文化素养，必然带来大量的文字表述和交流，当时印刷术尚未普及，因此，提高文字书写速度成为人们的需求。草书尽管书写较快，但因字体变形较大不易识别而难以普及。行书却以书写流畅，笔画清楚，容易辨识的特点从篆、隶、楷、行、草诸字体中脱颖而出，被广大民众普遍接受，成为社会流行的一种书写字体。文字毕竟不会只由少数人所掌握，完全束缚于书斋和庙堂之中，它的生命力就在于为社会生活服务，为广大人民普遍应用。长沙窑有幸留下的文字中大量出现行书体，正是唐

文字壶
高19厘米　底径11.3厘米

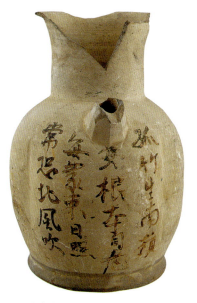

文字壶
高16.5厘米　底径9.5厘米

文字

文字

文字

朝这种社会现实及文化特征的反映。

长沙窑的文字主要用于陶瓷器皿的装饰，而这种装饰主要不在于表现书法艺术，更多地是体现文字的内容，如诗文、短语、记年等。所以这种装饰既是一种"形"的装饰，更是一种"意"的表达，窑工们似乎没有特别去追求书法艺术的工整和完美，而以文字达意传情为满足。书写文字的窑工肯定远远不止一人，书法水平也就参差不齐，有些水平甚低的文字居然堂而皇之地登上作为商品的瓷器上，书写者不像现代人因字写得"丑"而羞于出手，购买者也没有因字写得差而过于挑剔，看来双方主要所求还是文字的意蕴，如"客来莫直入"的瓷壶。许多的字，书写得颇为潦草和随意，似乎也未影响到这类瓷器的销售，如"上有东流水"的诗文。这种现象与当时书法名家的工整规范、一丝不苟的风格大相径庭。

在瓷器上书写文字，全凭手工一个一个地写上，一件一件地完成，特别是相同内容的文字即使是成百上千的器皿也必须靠手工去完成。单调而重复的劳动，又要求速度很快，因而水平再高、再耐心的窑工也很难做到千篇一律，必然出现潦草随意、笔画尽量简化等可以理解的现象。

除此之外，我们还看到：

长沙窑瓷器的文字中，有较多的谐音字和别字，如"学子"写成"学之"，"期"写成"其"，"我生君已老"写成"我生君以老"或"我生君与老"等。

出现了许多令现代人也感到难以置信的简体字，如"學"字写成"学"，"可憐"写成"可怜"，"國"字写成"国"等等。

　　为加快书写的速度，出现了较多的连笔字，有的连笔字别具一格，饶有风趣，如"后悔"的"悔"字。

　　釉汁的流动性较差，胎体的吸附性太强，用软笔书写困难较大，因此，出现了如现代流行、颇为前卫的硬笔书法，就硬笔书法的历史而言，长沙窑应是第一次。

　　总之，长沙窑留下的大量文字是一笔宝贵的文化遗产，其中不乏优秀的书法作品，这些作品无论是布局，还是笔画结构、起笔落笔，风格迥异，或承唐时名家之书风，或自成一体，皆为湖湘文化之瑰宝。何况，在瓷器上用釉汁书写诗文，不容许有半点差错和涂改，需一气呵成，就更见功夫、更加可贵了。以上仅随意列举数例，供读者领略唐代民间书法的风采。

残片（珠）

残片（九月造）

残片（极）

残片（悔）

残片（归）

残片释意三则

一　并非臆造

有一块长沙窑的小残片，面积不大，留下的文字也不多。仔细看来，是一首流传已久的乐府爱情诗，文为："君生我未生，我生君以（已）老。君恨我生迟，我恨君生早"。循残片字迹，复原了这二十个字。以假乱真，但的确是出自唐代窑匠书家的手笔。

此诗五言四句，实际仅仅用了九个字，就五言诗而言，用字如此之少，也是罕见的。其内容有两说，一为老夫少妻坚贞爱情的表露，年龄的差别不成为爱情的障碍，反成相见恨晚的倾诉。此类爱情，自古至今，屡见不鲜，但仍不免有不能厮守共白头的遗憾。更有可能是老少两人在相识后相互知心，情投意合，却由于年龄差距太大，无法逾越世俗的鸿沟或因为深爱对方，不忍以白发苍苍来辜负了豆蔻年华，只余下深深的叹息了。

残件

二 千古呼应

这块残片来自长沙窑的一个扑满即钱罐子。可贵的是保留了这个扑满上的较为完整的题记，题记刻写在没有施釉的胎体上。刻痕较深，用草书直接划写于其上，书写流畅，颇承怀素和尚之书风。

题记内容如下：咸通四年陆月十四日钱罐子一口三（?）千（?）文立（?）。

题记首先起到了装饰作用，一个单色调的扑满有了这几行龙飞凤舞的草书，一下子活跃起来，使用时增加了欣赏情趣。装饰似乎还不是唯一目的，题记日期不知是制造时还是预备使用时的日期。年、月、日写得如此清楚，当然可供使用者用于统计储钱时间。但扑满的作用就是一旦钱储满就要将其打破，取出钱来。扑满的使用是有阶段性的，阶段一过，扑满成碎片，弃之无用。

然而，题记者未曾料到他还达到了一个极富于历史意义的目的，他的记有准确年代的草书能通过不朽的瓷器残片与后人对话。当一千年后的今天，我们看到这块残片时，难道不应该和这位长沙窑的先民呼应一下吗？

咸通四年即公元863年，正是这一年，产生了古俄罗斯文字的基里尔字母，俄罗斯才有了真正意义上的文字。当时的中国唐朝文字，已经经历了篆、隶、草、行、楷各个阶段，炉火纯青地应用于各种公文、诗歌、文章之中，和今天的文字运用没有什么两样，我们的先人成就了超越当代世界各民族的

残片（咸通四年）

骄人的业绩。

三 自从与客来

这是长沙窑执壶的残件，壶的上部和后半部已没有了，实在是件遗憾的事。好在前半部基本上保留下来，而且居然隐隐约约有四行文字。文字中约有一半尚可辨别，其他则仅剩若干划痕，这可是遗憾中的遗憾。文字内容如何？着实诱人想探个究竟，通过放大，揣摩，描画，并经电脑处理。终于露出了"庐山真面目"。

原来这是一首五言诗：

自从与客来，是事皆隐忍。

辜负平生心，崎岖向人尽。

读懂此诗并不困难，读起来也琅琅上口。说的是生意人与客人交往中尽管受了许多委曲，也一直保持隐忍。而这种心态，却不能被人理解，真是辜负了一片好心，只有借此来向人倾诉。最末的一个字似是繁体的书而更可能是繁体的"尽"，为了押韵而选用的，意思同样是借此向人细吐。

这首诗在长沙窑的瓷器中早有发现，只是字体不同，非出自一人之手。可见唐代由于商业发达，这样一首民歌恰恰倾吐了商人们的心曲，因而受到普遍欢迎。

再让我们看看复原后的字迹，字体是行中带草，风流倜傥，挥洒自如，无拘无束。盛唐的霸气、狂气、灵气，跃然纸上，虽不是出自名家却胜似名家。

残件　残高16厘米

一只碗和四个字

长沙窑碗碟较多，但完整无缺的却不多见。

近觅得一圆形青瓷碗，圈足，内呈略上凸的弧面，外为直线面。碗高4厘米，口径14.2厘米，足径5.7厘米，圈足较宽，约有2厘米。足高0.3厘米。除圈足外，通体满施青釉。圈足内径已是很小，但也没有忘记补釉，可见工艺之精细。釉面光亮均匀，开有芝麻纹片，碗沿有极少细微脱釉。

整体对称规整。无论是胎体的制作还是胎面的施釉，工艺水平极高，几无瑕疵。这是因为进窑烧结后，温度较高而且均匀，基本上没有变形，更没有任何裂痕，釉面光洁。虽经千余年，仍保存完好。

碗内四角对称有四个褐色的文字："石豆天又"。是先在胎体上刻划出凹痕，然后再填充褐釉而成。字为行书，流畅隽秀，字迹非常清晰。

问题是"石豆天又"作何解释呢？"石"即"担"，自古就是容量和重量单位，用在这里形容其满其多。"豆"是古代的食器，后多作装酒、肉的祭器，《诗·大雅·生民》："卬盛于豆，于豆于登。"又通斗，称盛酒的容器。如白居易《祭李司徒文》："至于豆觞之会，轩盖之游，多奉光尘，最承欢会。""又"则通保佑的"右"，不仅是唐代的窑匠们每每用谐音字来代替，而且在殷墟甲骨文中就是这样写的，见郭沫若《卜辞通纂》第三六九片："帝受我右"。因为盛上酒在祭祀天地神灵或祖先时这四个字仍清晰可见，受祭祀的神灵就会按所祈求的心愿来保佑供祭的人，我们也就不难理解这四个字为什么要写在碗的里面了。

如此看来，这只碗尽管只是长沙窑的一个小件，但却不是一只通常用来盛食物的碗，而是一件不可多得的长沙窑祭器的珍品。从它的制作水平到它的用途都反映了先民们的聪明智慧。

碗
高4厘米　口径14.2厘米

文字"维纳斯"

一只瓷碗已经完全破损，只剩下一个碗底，在碗底这块残片上留下了两行八个较为清晰的文字："人须济急付一滴如"。无论是对于两行诗句还是一句话而言，残留的文字都不能表达完整的意思，乍看起来，不知是何意思。好在所留文字较多，如果在每行文字的上下略加一二字则可得到较为完整的文句。问题是添加何字？添加几字？就如同给维纳斯添加断去的手臂，仁者见仁、智者见智，可以生出许多有臂维纳斯的方案一样，因填字的不同也组成许多不同的字句来。

笔者不才，试在残句的左行加上"难"字，右行加上"泉"字，成为这样两句诗文："人须济急难，付一滴如泉。"另也可填成"为人须济急难，随付一滴如泉。"等等。读者如感兴趣，不妨也来试着填字凑句，定会是妙句丛生，趣味无穷。但是，不论怎样填字造句，其大概的意思都不会相差太远，教育生活在社会上的人们须有扶危济难的风格，施利可能微不足道，举手之劳，受者却如久旱遇甘霖，解了急难，为此，施与者也会感到心安，精神上也能获得无限快意。这本是中华民族的传统美德，就如佛语所云，救人一命，胜造七级浮屠。语句虽短，却是言简意赅，寓意高远。

其实，与之相对应的就是自古以来人们常说的"滴水之恩，当涌泉相报"，这句话表达的是危难之人受到接济，渡过难关后应具备的感恩之心，即所谓知恩图报。残片上的语句说的是接济人在见人急难时具备的良好善心和应该付诸的行为。这样，接济者与被接济者，呈现出德、德相报，恩、恩相惠的高尚境界，世间的"善、美"在此真情流淌，人与人之间的关系在此和谐弹唱，这正是中华民族优秀文化的结晶，来自上古，及至唐朝，流传到今天。长沙窑的这些文字带给我们的是唐人美好的精神世界，唐朝社会的和谐韵律，对于现代人来说，读着这些字句，依然可以从中受益，其展示的人文伦理在今天仍然具有普遍的现实意义。

残片残句更带给我们一个类似断臂维纳斯的美丽悬念，使我们在"补残"的想象中获得一份特殊的美感，也许这就是"残缺美"的艺术魅力。

文字写得工整认真，行楷的书法也颇为规范，笔画因用釉汁写字而追求简化，显得有些随意，如"济"字和"滴"字，特别是"滴"字简化得似乎有点走样。

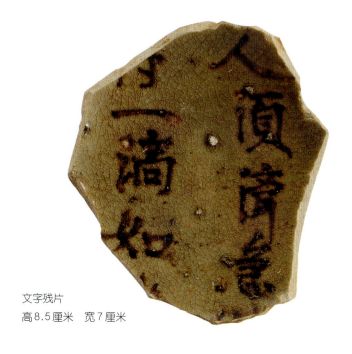

文字残片
高8.5厘米　宽7厘米

"李人爪牙"

也许人们对文字的使用过于娴熟而热衷于玩一些文字游戏，唐长沙窑的文字"专家"们也不甘寂寞，甚至用诗歌的形式去"玩"。有一首这样的诗："天明日月明，立月已三龙。言身一寸谢，千里重金钟。"也叫拆字诗，拼成"曌、龍、谢、鐘"四字，诗歌本身却没有什么实质的内容，纯粹的文字游戏。说明长沙窑玩弄文字游戏是有先例可寻的。

封建统治者们为了铲除潜在的威胁，必须要禁锢人们的思想，首要就得限制人们的言论自由。这样就有了秦始皇的"焚书坑儒"，一直到清王朝的"文字狱"。在这样的政治环境中，也有一些不甘屈服的所谓反抗文人或是为了发泄不满，或为了趋利避害，或仅仅是聊以自慰，往往将自己的愤怒和怨恨巧妙地隐含在文章或绘画中，一般人却难以识破。一部《红楼梦》的背后有多少辛酸血泪史，其表面是贾雨村（假语村）言，其后则是真事隐（甄士隐）去，这正是清朝政治生态下的一种无奈产物。

有了以上的铺垫，我们就可以来观察长沙窑的一把瓷壶上的一幅图案了。在这幅图案中，上部是一朵带茎的莲花，随波逐流飘飘然，右下部是一枝莲蓬，亭亭玉立，这些基本以曲线为主，一看便知绘画的水平颇为高雅。难以解释的是绘画的中部突然堆砌着许多的折线组合，既不像绘画，又不像文字，凭作者的绘画技巧也不像是信手涂鸦之作。左

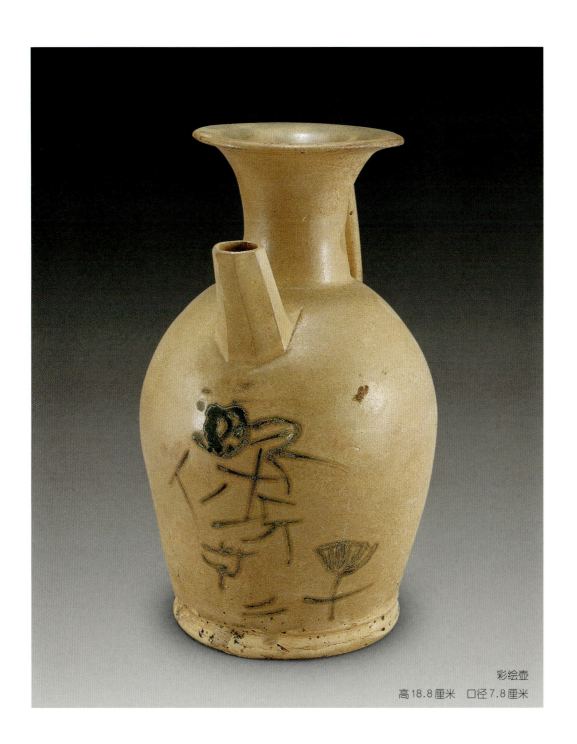

彩绘壶

高18.8厘米　口径7.8厘米

观右看，左思右量，都是一头雾水。如果我们变换一下思路，试着用"文字游戏"和"假语真隐"的观点去揣摸一番，则有柳暗花明，豁然开朗之感。是不是可以破译为"李人爪牙"四字呢？即是对李家走狗的痛骂和鄙视，或许锋芒直指李氏唐王朝，果真如此，作者便是吃了豹子胆，拼着自家性命去"玩"了。说到此，还真的为写者捏一把冷汗，看来写者安然无恙，平静度过了一生，不然，这把瓷壶和作者的肉体一起早已粉身碎骨，焚尸灭迹，我们也没有眼福来欣赏到这位唐朝反者的杰作。想来，这位写者应该是一位有心的"文人"，平常受尽了贪官污吏的恶气，其心难平，铤而走险，作此下策，可以理解。而且用心良苦，手法高超，居然蒙混过关，倒也值得庆幸。

出自"黑石号"沉船

其实，唐朝尽管繁荣昌盛，国威势大，但毕竟是强权的封建社会，社会并不公平，阶级矛盾也很激烈。即使在长沙窑中也可找到一些佐证，在现存的长沙窑瓷器上就出现了这样的字眼："请愿"，"领钱"，"小工钱"，可见窑工和窑主之间呈现着不小的矛盾。杜甫的"朱门酒肉臭，路有冻死骨"正是这种社会现状高度概括的写照。在这种社会现实之下，出现"李人爪牙"这样的文字游戏式的反抗隐语，不足为怪。

在基本上没有宣传媒体的唐朝，窑工们以瓷片作媒体来宣泄不满难道不是一个令现代传媒工作者可作研究的有趣现象？

残片

民以食为天

民以食为天，这是一个尽人皆知的简单道理。在生产力低下的原始社会，人们为获取食物而不惜一切，至极有"鸟为食亡"之说。

对于大多数衣食无忧的人们而言，尽管"鸟为食亡"的悲情已弃之脑后，但谁也不敢淡薄"每日三餐"。人们对食物有一种本能的热爱，更不用说对美食的热爱了。爱屋及乌，人们也爱餐具，更爱美丽的餐具。

各个民族，各个时代，各种餐具林林总总，变化无穷，但总少不了作为基本餐具的碗和碟。唐长沙窑现存大量的瓷碗瓷碟就是这样应运而生的。

用取之不尽的泥土制作、用高温烧结而成的瓷碗瓷碟，给人们提供了大量适用、方便、廉价的餐具，是人类文明的一大进步，也是饮食文化的一大发展。就此而言，长沙窑功不可没。就制造瓷碗瓷碟的技术和工艺而言，长沙窑已是十分成熟。

以旋转制胎为基本工艺的瓷器制造技术，决定了其生产的碗碟以圆形为主，以此衍生出莲花形、方形或多边形。再以此而出现的大小、高矮及断面线条的变化而生产出了各类形态的碗碟和现代没有什么不同。形体、线条的思维是比较抽象的，满足使用的设计是具体的。因此，可以说，在餐具的抽象思维和具体设计上，在这两者的结合上，一千年前的长沙窑的先民们已经达到现代人

弧边碗
高4.2厘米　口径13.6厘米

平碟
高4厘米　口径14厘米

深碗
高7.2厘米　口径12.8厘米

碗
高5厘米　口径14厘米

小碟
口径9厘米　高2.3厘米

酱釉碟
高3.2厘米　口径14.2厘米

的水平。釉色以青黄色为主，酱釉也不少，单色釉瓷碗碟是大宗产品，也有将两种单色釉分施于同一碗碟的不同部位的。

根据使用的不同，大小尺寸相差很大，有一个小碟，其口径不过9厘米，高2.3厘米，有一个大碗，只剩下一个残体，其碗足是圈足，圈足的外径就达10厘米，按弧度和壁厚推算其碗的口径至少也有27厘米，这的确是一个很大的碗了。

特别令人感兴趣的还是这些碗碟的装饰。碗碟不如花瓶，平时堆放在一起，装饰得再漂亮，一般亦难以进入人们的视野；古人也不像现代人完全置碗碟的使用功能而不顾，将其做成画盘挂盘的纯艺术品用于居室的点缀。当时碗碟的装饰只能在用餐时才欣赏一下，这样，它就和美食结合在一起，构成了中国所特有的饮食文化。民以食为天，这个饮食的天地可真是越走越宽了！唐朝经济的发达促进了文化的繁荣，也促进了饮食文化的发展，对此，长沙窑起到了推波助澜的作用。碗碟相对于壶罐而言，有一个相对大、相对平的"平面"，这就给艺术装饰提供了一个相对宽松的平台，因此，长沙窑发明的釉下彩在这些碗碟的装饰上发挥得淋漓尽致。

人们将美丽的大自然绘于碗碟上，可爱的小鸟，温顺地蹲在花草丛中；盛开的莲荷，张扬在碗里；茂蔓的小草，赋予生命的欢欣……将美丽抽象、随意舒展的曲线，把大自然的意念，留在人们的脑海中。

　　圆本身就是最完整的对称美，对称艺术图案的大量出现，形成了碗碟装饰的特色，或用花草对称，或用曲线链对称，或用几何图案的对称，加之色彩的运用恰当，无不给人以丰满团聚的美感，体现了人们对圆满生活的一种美好追求。

　　文字也进入碗碟之中，有诗歌，抒发着人们的情感；有吉言短句，渗透着文化的内涵；更有外国文字，充当着中外文化交流的使者……

　　这些美丽的碗碟，满足了人们用餐的方便，拓展了饮食文化的空间，给人以丰富的精神享受。当我们欢聚在温馨浪漫的餐厅里，当我们面对丰盛美好的宴席时，难道我们不应该举起酒杯为长沙窑先民的发明创造而干杯！

碟　口径13.2厘米

碟　口径13.2厘米

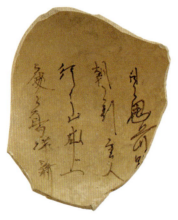

碗　残高20厘米　宽15厘米

碗　残长15.5厘米

碗　残长16厘米　宽14.2厘米

碗 残宽14.7厘米

碗 口径14厘米

碗 残宽14.5厘米

碗 残长18厘米

碟 残高13.6厘米

碟 残高11.5厘米

解读长沙窑

碗　口径14厘米

也说酒文化

　　酒是人类的一项伟大发明,它对人类社会所做的贡献丝毫也不亚于纸张和印刷术的发明。如果说印刷品给人们传递了知识,那么酒带给人们的是欢乐,是喜悦,是激动。饮酒能加速人的血液循环,能刺激人的神经,使人兴奋,当然过量的饮酒也能使人的神经麻痹,因而成了人们调节精神状态的一种不可缺少的饮品。李白斗酒诗三百,酒的兴奋之下,诗兴大发,文思泉涌。"人生得意须尽欢,莫使金樽空对月。"只有酒能带来欢乐,何不开怀畅饮?"何以解忧,唯有杜康。"酒不但带来欢乐,还能消除眼前的忧愁。"抽刀断水水更流,借酒消愁愁更愁。"则是短暂的酒麻痹后的清醒悔悟。人生百味,酒中百态,人们乘着酒兴,尽情舒展着生活中的喜、怒、哀、乐,留下颠、笑、痴、骂的醉态,将人生推到一个不长久却也不常有的虚幻梦境,更是其乐无穷了。

　　酒是这样的美好,人们猜令斗酒,好酒贪杯,嗜酒如命,一醉方休,一代又一代,长盛不衰,酒圣、酒仙、酒鬼,一个胜似一个,"英雄"辈出,豪气万丈,构成了中华文化一道特别的风景线——酒文化。而作为酒文化的一个重要组成部分的酒具,一千年前的唐长沙窑以其优美的造型,绚丽的彩釉,妙趣的诗文,异军突起,为盛唐的酒文化推波助澜,摇唇鼓舌,而令人眼花缭乱,目不暇接。

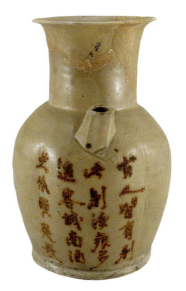

壶
高19厘米　口径9.5厘米

壶
残高18.5厘米　底径10.5厘米

酒杯
高4.5厘米　最大口径13.8厘米

杯
高3.3厘米　口径11.4厘米

　　长沙窑的瓷器中，数量最多，艺术水平最高的莫过于瓷壶了。注子是古代的酒器名，就是现在所称的酒壶，一直到唐代，将有流有柄的酒壶仍旧叫作注子。长沙窑的注子中，开始最多的是八棱短流，以后有八棱的长流，最后演变为弯曲的长流。壶柄有单个支点的横柄，也有两个支点的弯柄。过去曾认为只是横柄的酒壶称为注子，其实曲柄的酒壶也叫注子，长沙窑留下的曲柄残件上有清晰的文字标记就是明证，如"赵家注子"，"付家注子"等。至于注子的大小、形状，其釉面的颜色，装饰的图案、绘画、诗文则经过多次的变化创新而呈现千姿百态，神采各异，五彩缤纷，美不胜收，成为长沙窑瓷器中最完美的亮点。酒杯有圆形、菱形、椭圆形的，有圈足的也有高脚的，有加彩绘的，也有书写文字于其中的，如"美"、"美酒"、"春行文"、"国士饮"等等，种类繁多，琳琅满目。

　　大量的诗歌、绘画装饰于酒壶上，是长沙窑的首创，骤然提升了长沙窑的艺术档次，更增添了饮酒时的诗情画意，诗意随着酒兴荡漾，妙不可言。

　　针对不同的场合和用途，生产相应的诗文酒壶，反映了长沙窑窑主们强烈的市场意识和最大限度获取市场份额的良苦用心。

　　有一把酒壶上写有一首诗："只愁啼鸟别，恨送古人多。去后看明月，风光处处过。"

　　另有一把酒壶上也有一首类似的诗："古人皆有别，此别泪痕多。送客城南酒，悬令听楚歌。"

不用细说，都是送别逝者的挽歌。中国人的文化传统讲究的是一个吉利，书写如此内容的酒壶不说富家豪宅就是普通人家也是不能登堂入室的。那么，这些酒壶的购买者是谁呢？如果你是长沙市的居民就一定会想起"唐四郎"。在长沙市的城乡，历来活跃着一支支专门从事丧葬服务的民间自发队伍，人们戏称为"唐四郎"，有关丧葬的礼仪、音乐、膳食、丧夫一应俱全，看来历史久远，至今仍然存在。随着时代的发展，"唐四郎"也注入了许多的现代化元素，但民间传统的情愫依然拂之不去，去之还留。据闻，长沙籍的旅美音乐家谭盾先生就对"唐四郎"的特殊传统音乐细加采集且乐此不疲。这样，当时只有"唐四郎"们才会定制、购买写有这类诗歌的酒壶就是理所当然的了。人们在这样一个挽歌氛围中，以酒当泪送别古人，逝者安然走好，生者振奋节哀。作为一个民间文化现象的"唐四郎"似乎在唐朝就已经开始存在，看来也不是空穴来风，而是有迹可循。如此细致的社会分工，符合经济学的基本原理，说明了唐朝的市场经济已经发展到一个非常繁荣成熟的程度。

那么，在唐朝是不是也有从事婚庆喜事的专门队伍，也有专门用于婚庆场合的诗词酒壶呢？现代社会，喜事连天，作为喜事之一的婚庆有更多的方式以供选择，宾馆酒楼，婚纱花车，蜜月旅游。不管花样如何翻新，断断少不得一杯酒，"兰陵美酒郁金香，玉碗盛来琥珀光。"如是，白酒洋酒葡萄

残件
长7厘米　长9厘米

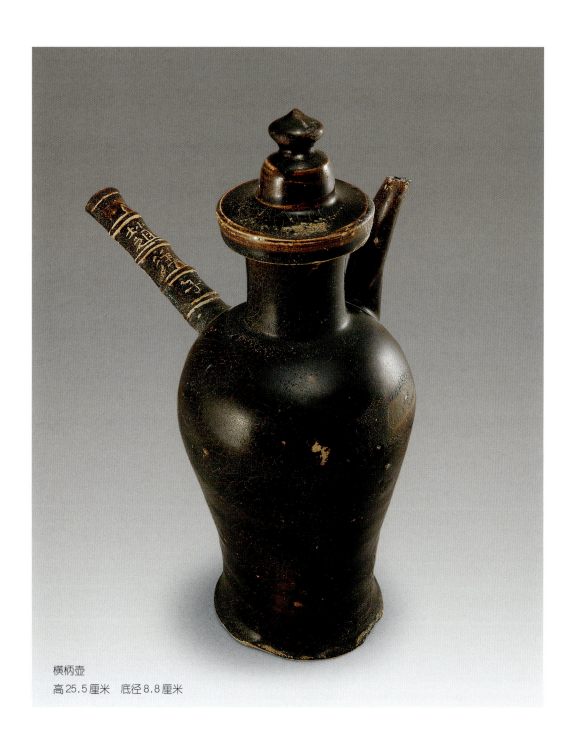

横柄壶
高25.5厘米　底径8.8厘米

酒，啤酒红酒香槟酒，酒醉花醉人自醉，醉人醉言醉不语，狂饮狂欢，洋洋大观。唐时有否专门的婚庆服务队伍，一时还难作定论，但长沙窑的酒壶上的确留下了如此的诗篇："□家日，□途柳色新。□前别父母，酒泪别尊亲。"还有，"新妇家家有，新郎何处无。论情好果报，嫁取可怜（爱）夫。"这些诗歌咏的都是男婚女嫁之事，此类酒壶平常使用当然不为不可，用于嫁女收媳的婚庆喜事之酒宴应该更加适合。或许是酒家配备的酒壶，或许有专门从事婚庆服务的队伍而备有的酒具也未可知之。

"才饮长沙水，又食武昌鱼。"长沙窑美丽的酒具，长沙水酿的美酒，以及无数发生在长沙的酒的故事，永远留在长沙人民的心中，留在长沙人美好的回忆中。

残片

残片　直径4.5厘米

茶余小记

炉灶
高8.8厘米　长11.5厘米　宽9厘米

　　家乡过去只是个小县城，依稀记得在古老的火车站旁边有一间简陋的房子，里面摆着几排竹的躺椅，人们在此泡上一壶茶慢斟酌饮，同时可以候车小歇，可算是全城仅存的一处茶馆吧。除此之外，茶馆这档子事在那时就只有在小说和电影中见到了。就是这样一座似是而非的茶馆，也经不起非常的风浪，已荡然无存。

　　仍然是非常时期，某年初夏，一阵高潮过后，学校兴起了"复课闹革命"，我们得以去广东的一个电厂实习。电厂坐落在粤北依傍北江的一个小镇附近，离小镇约十里地。北江是那样的美丽，江水

瓷碾
长25厘米　宽6厘米
高4厘米　盘径11厘米

横柄壶
高18厘米 底径9.2厘米

充沛清澈流淌，两岸林木茂密浓郁。随处可见的芭蕉、榕树及百姓的粤音粤装，时时展露出即使在粤北也不菲的南国亚热带风光。实习之余，恰同学少年，信步江边，岸上撑起一个正在修理的大木船，工人们仅着短裤，全身晒得油黑发亮，高踞于船上，或抹涂桐油，或对拉龙锯，吾等戏称为"天工开物"之活的插图。漫游小镇，一溜石板路旁，惊现一处茶馆，进得门来，几张八仙桌排开，问主人，一壶茶才一角五分钱。机不可失，三五同学泡上一壶粗茶，海阔天空，信马游缰，忘我中时光不觉流去，甚是惬意。茶馆一息尚存，在那个年代已是非同寻常，又是平生第一次上茶馆，与同学对饮畅谈，印象特深，至今难以忘怀。

如今这年头，满目皆茶馆，茶艺遍神州。其茶室规模之庞大，其

茶碗
高3厘米　口径12厘米

茶碗
高2.8厘米　口径10.5厘米

装饰风格之迥异，其茶叶品种之丰富，其茶具茶艺之精美，可谓繁荣兴盛，旷古未有。茶馆衰而复兴，深感中国茶文化的生命力，如大河奔流，九曲连环；如日月行天，周而复始。此乃生生不息、博大精深的中华文化的一个缩影。

谈到喝茶，人们总是从神农嚼茶解毒说起，算来就有七千多年的历史了。茶能提神醒脑、去腻化食、祛病养身，这是茶叶原本的物质效用。但之所以使饮茶成为人们生活不可缺少的一项内容，借茶遣兴，以茶抒怀，通过饮茶来品味生活，甚至来达到一种生命的境界，并和茶叶、茶具、茶室、茶艺等一起构成悠然玄远，意境无限的茶文化，其佼佼者当是唐人陆羽。被尊为茶圣的陆羽（733～804），当时身披纱巾，脚着藤鞋，行于山野，采茶觅泉，深入农家，评茶品水。不时诵经吟诗，号泣狂兴。以殷勤的实践，流溢的才华，浪漫的气质，完成了我国第一部茶学也是茶文化学的专著——《茶经》，其鸿篇巨制开创了饮茶由物质向精神转换的基本理论。

直接用开水冲泡茶叶饮用至少是唐以后的事，在唐代饮茶是要经过煮茶的，这煮茶的茶艺却已失传。经过我国专家的科学研究，唐代陆羽的煮茶茶艺得到了复原，其过程大致如下：先将茶饼经火炉焙烤，再将茶饼适度碾细。水温烧到86℃左右时，按一定比例加盐，继续加温，到"缘边如涌珠连泉"的二沸时，舀出一瓢沸水待用，并用夹子有节奏地同一方向搅水,当中心出现旋涡时,按量放入茶叶,至茶水"腾波鼓浪"时,加进二沸时舀出的一瓢水止沸,随即端下煮锅,舀茶汤分成若干碗饮用。

长沙窑也是唐朝的产物,其众多的窑口,其丰富的产品,虽未见诸各种历史文献,却被大量的出土实物所证实。现已发现的许多长沙窑茶具实物基本能印证复原后的唐代煮茶茶艺,只是因为它的生产时间一般比陆羽年代稍后,其茶具茶艺似更趋完美和成熟。

一只素胎的炉具,有烟道,有风口,并有适当的装饰,用于烧水嫌小,用作玩具嫌大,极有可能是用来焙烤茶饼的炭炉。将茶饼碾细需要碾子,瓷质的碾子非常合适,金属的碾子当时不但价格昂贵,用于碾茶,力度似乎太大。

杯
高3.8厘米　口径7.5厘米

煮茶当然可以用铫,用耐温的瓷壶应该更好,横柄的瓷壶就是作此用途的,煮沸的茶水用隔热的横柄端起倾注非常方便。有精巧的盐勺用作厨具似太"屈才",用于茶事煮茶放盐则可锦上添花。至于用来品茶的茶碗、茶杯更是琳琅满目,异彩纷呈,甚至用于端茶的茶托也能制造,其造型其装饰都十分精美,为饮茶增加了几分雅致。还有研磨姜末的擂钵,在茶中添加生姜末就可能只是湖南人所特有的嗜好了。

生产了如此完整系列茶具的长沙窑在陆羽的《茶经》中却没有留下片言只语,之前的岳州窑在《茶经》中尚有记载,似乎难以理解。其实不然,尽管长沙窑与陆羽同处一个唐代,但长沙窑的鼎盛时

杯
高4厘米　口外径7.5厘米

期却在陆羽之后，陆羽著《茶经》时，长沙窑尚未形成自己的特色，因此还只能暂归岳州窑。再者，长沙窑的特点是釉下彩，除开彩釉，其瓷质、其釉质并不在已有的邢窑、越窑甚至岳州窑之上。釉下彩所体现的是瓷艺，陆羽先生看重的是茶艺，彩釉的瓷碗似乎不能为茶汤的质地增色，清茶讲究的是一个"清"字。

不管是何原因，茶圣陆羽毕竟与长沙窑失之交臂，在历史的时空中擦肩而过。惜哉！惜哉！

杯
高6.5厘米　口径9厘米

擂钵
高4厘米　口径12.4厘米

茶托
高2.8厘米　外径15.8厘米

另类旁证 见微知著

一千二百年前的唐朝，在湖南长沙湘江边上，石渚湖旁的山村野岭，崛起了一座座龙窑，火光冲天，车水马龙，人声鼎沸。一批又一批的奇形异状、五光十色的陶器瓷器登船入仓，通江达海，销往全国各地，流向亚洲非洲。

君不见林林总总的壶罐灯炉，杯盘碗碟，琳琅满目。君不见栩栩如生的狮象马牛，鸡鸭鹅鸟，目不暇接。长沙窑仿佛就是一个陶瓷的开发研究中心，抑或就是一个瓷类的大观园。不妨在这个大观园中摘取一两朵小花，以供读者欣赏。

如图见到的是一个立方体，亦是一倒置的台体，台体的中间挖空为一锥体，锥面与台面相交并凸出成一环形体，几何尺寸如下：台高3厘米,上台面边长5.6厘米,下台面边长5厘米,锥体底直径

轴瓦
高3厘米　上边长5.6厘米

3.5厘米,乍看起来就是一个不折不扣的机械件,规矩方圆尽在其中。诚如大家所知，陶瓷加工除信手雕塑的小件或配件外，大多数都是通过旋转加工而成的对称体，其断面一般是圆的。像此件外围呈一立方体，其形状及尺寸基本对称，误差很小，却完全凭手工做成。这在长沙窑中虽不是绝无仅有也是极少见到。且瓷土极细腻，胎体几近白色，只是在上台面及锥面上略施青黄釉，淡雅有致。一个侧面刻有"元和三年程飞"的字样。询及用途，有智者告知，乃为陶车的一个部件——轴顶帽。元和三年

元和三年程飞

为公元808年，先朝工匠"程飞"用手工能够制造瓷质的机械部件，其工艺之规范，可见一斑。此部件毕竟特别，暂归另类。

机械零件都能制造，厨间之物又如何呢？

一眼观之，如图显而易见是一把炒菜用的锅铲，只是并非金属制造，而是一个遍体施有酱釉的瓷件。锅铲造型是一只凫在水面上的天鹅，鹅颈修长，鹅翼鹅尾雕塑成三片花瓣镶贴在铲体的根部，既形象又抽象。就锅铲而言这真是一把美丽无比的锅铲，只是这样一把陶瓷制成的一碰即碎的锅铲如何能使用呢？难道仅仅是一个摆饰品而已？这把锅铲的尺寸是如此的微小，其高度不过4.5厘米，底部长不过3.5厘米，宽不过2.3厘米，厚则不到1毫米。这样一把小小的锅铲究竟是作什么用的呢？

再看一只凫在水面上的鸭子，也是一个瓷件，只是尺寸也是这样的微小。其高不过2.3厘米，长不过5厘米，宽最大也不过2.3厘米。显然是工匠们信手捏制而成，造型形象生动，小鸭的两只眼睛炯炯有神，直望前方，仿佛在水面上缓缓而行。只是这只小鸭子不是实心的，它的尾部开了一个大喇叭口，小鸭的翅膀和肚皮组成了喇叭口的上下边，边是这样的薄小，厚度不到1毫米，对于陶瓷器皿而言，这个厚度简直可以称得上薄如蝉翼了。加之整个重量不过一克，可以说是轻如鸿毛。除底部外全部施以青釉，喇叭口内也是如此。那么这只尾部张着喇叭口又小又轻的小鸭子又是作

勺子
高4.5厘米　底部长3.5厘米
宽2.3厘米

勺子
高2.3厘米　长5厘米

什么用的呢?

经与老人问,一只小天鹅,一只小鸭子,这两个小家伙只不过是厨房炒菜放盐用的小勺子!放盐的小勺子居然做得如此精美,想见先朝普通百姓的生活是何等的安逸,又是何等的富有情趣!两个小勺子相对长沙窑的杯盘碗罐就只能归于小件甚或是微件了!

"物"微而言不轻,涓涓细流汇成大海。这些长沙窑中的小弟弟向我们透露了先朝的一些什么信息,展示了长沙窑的一个什么世界呢?依愚见,至少有两条:

一、谈到长沙窑,有些人总觉得土而粗,不够"档次"。其实,只要看到了大量的长沙窑的存品,特别是为数甚多的精品,你就会感到,土的确是土,正是这种原始的土才显得十分可爱,但绝不会感到粗俗。本文的几个小件,或置乡舍农妇厨间,或作乡间车辆耐磨之配件,制作是如此精细,创意是如此高明,用途是如此美好。细而精,精而雅,雅而美。长沙窑的瓷器亦精亦细,亦雅亦美。抑或是土,也土得特美。

二、长沙窑瓷器门类齐全,洋洋大观,多姿多彩。长沙窑的先民们想象空间无限,创新冲动强烈,大则用在交通运输工具上,小则村妇野姑手中的盐勺,尽收眼底,并活脱脱地做出来了。窑工们心大矣,他们仿佛要把整个大千世界,万事万物都用瓷土在自己手中造将出来。

长沙窑的产品如此丰富,长沙窑先民们的精神世界如此博大,这几件旁类微器不就是折射出了它的光辉!

瓷器套件

盖罐

随着人类社会的发展，生产力不断提高，生活物资不断丰富。人们为了使用和存储这些物资，用各种材料制造和生产了各种各样的容器，木箱竹筒，漆碗漆盒，金属器皿，陶罐陶盆，等等。随着文明的进步，人们对这些容器又用各种艺术手段赋予各种各样的艺术形态，使这些容器不仅实用而且生动美观。瓷器的发明和大量生产就是跟随着生活容器这个发展链应运而生的，而且以自己不可替代的优势和特点以及不足与其他种类的容器兼容并蓄，共同发展而成为人类文明史上的一朵奇葩。

长沙窑的瓷器作为容器与人们日常生活相联系，主要是在食物（当然也包括饮水）的取用和储存上。因而生产并留下了大量的壶、瓶、罐、钵、

盖罐

罐高12.6厘米　口径11.4厘米　盘高2.5厘米　口径15厘米

碗、碟、杯、盘。简单地说，壶、瓶、罐主要用
于食物的存放，碗、碟、杯、盘主要用于食物的
取用上，而钵则界乎两者之间。占长沙窑相当大
部分的壶一般有柄有嘴，造型及装饰千姿百态，
品种甚多，显然是用来汲装液体饮料的，如茶如
水如酒，胎体一般较厚。罐也是长沙窑的大宗产
品，其形状，其修饰也异彩纷呈，胎体不论容积
大小一般都较薄，看来应该是用来存放较轻的固
体食品的。

　　可是，无论是壶或罐有盖的很少，那么，如此
多的无盖的壶和罐怎么能存放食物或饮料呢？千年
前的唐人文明程度已经很高，不会不知道防止灰尘
和污染的重要性，那他们又是如何做到这一点呢？

　　请看眼前的这一罐一盘（如图），其罐的高度
为12.6厘米，口径为11.4厘米，底径为11.7厘米。
罐体呈瓜形，有两系已丢损，口沿卷成弧形，胎体
很薄，釉面呈橘黄色，一眼看去似南瓜，又似橘
子。盘高2.5厘米，盘有直边沿，外径为15厘米，
胎体也很薄，盘上表面施釉，也呈橘黄色，盘下底
面露胎无足，盘底平坦。这两件瓷器其胎体的厚薄
和质地，釉面的色彩和光亮，其制作工艺的风格，
浑然一致。如果把瓷盘放在瓷罐上，十分协调得
体。显然是两件一组的套件，可见这只盘平常作罐
盖保存食物，需要时又可作为盘子使用，盘和盖

小罐
高7.9厘米　口径4.5厘米

罐
高10.8厘米　口径7厘米

两个功能兼而有之。

由此看来,为何那么多的壶和罐都没有盖呢?原来,那么多的碗和碟盘既可作盛放食物使用,也可作为盖子盖在壶或罐上保管食物免遭污染之用,先人们的聪明和智慧可见一斑。

罐
高17厘米　口径13.6厘米

罐
高12.9厘米　口径14.5厘米

日照香炉生紫烟

"日照香炉生紫烟，遥看瀑布挂前川。飞流直下三千尺，疑是银河落九天。"这是唐朝大诗人李白咏庐山瀑布的著名诗篇。此诗中的香炉指的是庐山东南方的香炉山，只是一个以日常家用的香炉命名的山头而已。香炉始于汉太子宫所用之博山炉，在唐朝以前就已在宫廷和贵族之家使用，每见于汉魏六朝诗中。

香炉真正普遍进入寻常百姓的家庭应是自隋唐始，这是因社会经济发达，人民生活殷实，香料已能从海南获得而价廉，或是用柏木等替代。隋唐以前，香料沉香木既来之不易，由祭器而转化为焚香的博山炉也是由金属制造，造型及雕刻工艺十分精美，价值极昂，是王公贵族的奢侈品，普通百姓只能望炉兴叹。

唐长沙窑本来就是民窑，面向市场，面向民众，在大量生产日常生活器皿的同时，也生产了许多的熏香炉。绿色的香炉体积较小，高约8厘米，炉盖表面施绿釉，釉面匀整，并有简单的镂空花纹，作为香炉的出烟口。酱色的香炉体积较大，高约12厘米，炉盖表面施酱釉，釉面光亮，炉盖镂空图案及造型稍微复杂一点。两件香炉，大小不同，颜色不同，但造型、结构基本相同，炉体都是素胎，只有炉盖着釉。整体朴素简单，炉体稳重，炉盖曲线优美，一静一动，相得益彰。此类香炉在当时应是廉价之物，使用自然相当普及。

人类使用香料，是用嗅觉去感受香气之美。首先是得益于大自然的赐予，大自然高山流水，森林茂密，奇花异草，人们在享受大自然美丽风光的同时，也享受到了一些花草散发的沁人肺腑的香气，为了把香气带入家庭，带入生活，广泛用于香化室内空气和妇女熏衣，以及祀神祭祖，形形色色的香炉也就应运而生了。

人们对香气的感受奇妙而复杂，舒适，舒坦……都不足以释意，简

解
读
长
沙
窑

香炉　高9.5厘米

香炉　高10.5厘米

直是妙不可言。为了表达这种感受，觉得和美联系在一起方能达意，因此，从一开始，香和美就互相渗透，香即美，香成了美的代名词。

香和美景联系到一起，就有了博山炉。青山晨曦，孤峰耸翠，云蒸雾绕，氤氲若烟，美云美山美景。如此美景一浓缩便成了美的熏香炉。汉有博山炉，以青铜铸造，炉盖呈山形，"山间"有流水、有奔鹿、有树林、有樵夫，香烟从炉盖四溢，烟雾缭绕，太阳照去，岂不正是"日照香炉生紫烟"的意境？长沙窑也有博山炉，虽为瓷器，没有青铜器高雅华贵，却也玲珑别致，又是一番风味！炉座为青瓷莲花座，炉体表面施绿釉，四周有兽面对称分布，炉盖为片石堆积成山，烟孔居正中。可贵之处在炉盖通体的铜红釉，通红如火焰山，与青绿瓷兽面莲花座相配，动静相宜，一缕香烟升起，有香有形有色，意境无限。

香和美事联系在一起，凡遇美事无不有香。春节团圆，焚香敬天地、敬祖宗，祈福新年；良辰吉日，佛堂庙会，烧香求福；洞房花烛，香烟香风，美满幸福，即或肃杀哀事，也焚香以驱邪，取将坏事变好（美）事之意。

香和美人联系在一起，则有美女如云，香气袭人。世间女子，无不香水香粉相加，从古代的香囊香袋到现代的法国香水，脂粉香风，填充丰富了美丽的女人世界。

香气进一步升华，则成了美的精神，而生正气。

香炉 高6.2厘米

香炉 高15.2厘米

所以有文天祥的"人生自古谁无死，留取丹心照汗青"的《正气歌》。亦有诸葛先生焚香抚琴，智设空城计，斥退司马懿千军万马于城门之外的超然之气。

明月当头，月光如洗，香料在香炉里燃烧，而生烟，而升气，而流香，而生美情、美意、美景。

香炉 高13.2厘米

浪漫的灯光

没有人喜欢黑夜,特别是如果将黑夜与黑暗连在一起,除非这个人不正常,或者有着阴暗的心理。黑暗是邪恶的代名词,"此人心黑了","手段真黑","尽讲黑话",谁也不愿意接受这样的语言或评价。可是,谁也回避不了黑夜,地球围绕太阳旋转就必然有白天,有黑夜。人们在光明的白天劳动、工作、活动,在黑暗的晚上休息。黑夜有时是漫长的,人们往往也需要在夜晚进行一些活动,为此,想尽各种办法制造光明来"冲破黎明前的黑暗",用松枝做成火把,将油料燃烧,以至发明了将电能转化为光能的电灯。一部人类的文明史,就是一部人类走向光明的历史。当然,这里的光明包含有物质和精神上两方面的含义。

因为发明了电力,也就发明了电灯,进而制造出了眼花缭乱、形形色色的电灯灯具。在电灯发明之前的漫长历史时期,人们主要都是通过对各种油料有控制的燃烧来获得光明的。这样就有了各种各样的油灯、烛台、汽灯……

唐朝的长沙窑利用瓷土制造了许多的灯具。如图是一个碗形的油灯,为了移动的方便,加装了仿绳索的系,简单明了。略为变化,进一步将单系变成了相连的三系,三点成面,基本的几何原理,使盛满油料的灯具移动起来稳定方便得多了,巧妙而实用。还有杯形的灯具,犹如一只普

单系灯
高4.6厘米　口径11.6厘米

三系灯
高3.2厘米　口径10.6厘米

灯
高5厘米　口径7.5厘米

通的杯边加一个小嘴，杯沿做成莲花瓣，白釉下点缀几条随意的绿釉，很简单的艺术处理，一下子增加许多的情趣和意境。将这样的灯点燃，微小的火焰跳跃着，温馨柔和的灯光弥漫在民家小居，灯光下，或是年轻的母亲哼着摇篮曲，或是"慈母手中线"……看着这样的灯具，深情长意仿佛随着灯光闪现在我们面前。

蜂蜡可以燃烧，因而制成蜡烛，蜡烛保管方便，

防风灯具　高6.5厘米

烛台　高17.8厘米

燃烧起来烟雾较少。用固体燃料获得光明，也算是
人类文明的又一次进步。因使用蜡烛而做成的无数
的千姿百态的烛具和烛台，丰富和充实了人类的文
化生活，从王室皇宫豪华气派的吊灯、壁灯、立灯，
到庙宇大殿的香烟烛火，至殷实人家的烛具烛台。
在这些千千万万的烛光下，历经几千年的故事、史
实、趣话，惊天动地，浩如烟海；曲折浪漫，美不
胜收。长沙窑生产的主要是供老百姓使用的瓷质烛
台，式样甚多，仅取一件，以飨读者。此烛台除底
部是一个对称的八边形外，整体是一个旋转的圆柱
体或锥体，自下而上，分若干层，逐步缩小，稳重
而高昂。表面施白釉，几抹绿釉着于其上，随意、
蜿蜒如流云。蜡烛置于顶部，明丽柔和的灯光照亮
佳人，屋外雨潺潺，难怪诗人李商隐以"何当共剪
西窗烛，却话巴山夜雨时"来思念远方的友人。

烛台　高8厘米

灯
高3.4厘米　口径4.5厘米

酱釉烛台
高11.5厘米

多层烛台
高34.5厘米 上径9.5厘米 底径16厘米

满

八棱形短嘴执壶是长沙窑壶类的典型产品，也是数量最多的。嘴短又呈八边形，对于易遭破损的陶瓷器皿，有利于保护突出于壶的流嘴，即使稍加碰损也不影响使用。作为老百姓大量使用且价格低廉的日常用品，这种结构具有一定的优越性。但缺点也是明显的，因为嘴短，装水（液体）不可能满盛，最多只能装到流嘴口为止，从使用上看，至少自嘴口以上部分是浪费了。但从设计理念上却是十分科学的，在倒出时，可保证了无旁溢；而且能起到一种装饰的作用。

永不满足，不断创新正是长沙窑的灵魂，如何对这个短流嘴再加以改良，使之既保持原有设计的特点又能盛更多的水，从而生产出更多形态的壶呢？

在短嘴不变的情况下，一是将短嘴之上不能盛水的部分直径缩小，或将上部缩短，即变成短颈和小颈。另外就是将短嘴以下部分变大，变大的方法类似，或将下部直径变大，太大了不雅观也不方便使用，那么就将下部拉长甚至完全变成圆柱体。而当进行这些变化时，设计者们准确把握住了整体的协调和美感，使变化后的瓷壶既解决了实用的问题，又无论是从线条还是体态都变得更美和富于变化。通观长沙窑瓷壶体态的变化由丰满型逐步走向苗条型，这是制作风格的变化，也反映了当时社会审美情趣的变化过程，其中实用的合理性应是原因之一。

短嘴八棱壶
高19.5厘米　口径10.2厘米

盘口壶
高17.6厘米　盘口径8.2厘米

　　为了克服短嘴造成的缺憾，短嘴也是可以变的，这样，长嘴就出现了。短嘴变长嘴，一种形式是仅仅机械式变长，仍旧保留八棱形的基本式样。另一种是将流嘴改成细长的弯曲形。在进行这些改革时，同样都不能破坏而只能增强原有的协调和美感，因而便特地将壶口变成大喇叭形或弧状卷边形。特别是弯曲流嘴的出现，不仅美化了流嘴本身，也使壶类的风格更加多样化了。

　　随着物质生活不断的丰富，储藏和使用的功能分家，手握的小茶壶和细长的小酒壶也出现了。这种小茶壶流嘴之上部分几乎完全消失，加一个小盖并进行艺术的装饰，既能作喝茶用，又成为使用者手中的一个把玩。而这种小酒壶，苗条而富于曲线变化，加上色彩和图案的美丽装饰，分明就是一件艺术品，饮酒者酒酣朦胧之余，产生无限的遐思，又成为酒文化的一个组成部分。

大壶
高25厘米　口径11.6厘米

大壶
高25厘米　口径11.5厘米

　　细观壶嘴的变化历程，反映的是人们对完美不断追求的思维，酒要满，茶要满，生活更要美满。社会生活中也是如此，人们追求事业的完美，爱情的美满，事情的满意，希望的满足……追求满足是人们的一种境界，一种精神，就如同更高、更快、更强的奥林匹克宗旨一样，正是这种境界，这种精神，促使人们完善自我，促进了社会的发展和进步。

　　艺术上也是如此。釉下彩的发明可以说是陶瓷装饰的一次革命，长沙窑一下子就将单调的瓷器推向了五彩世界。窑工们在对陶瓷器皿进行艺术装饰时，也在不断地追求完美，就如同所有的艺术家进行创作一样。画的花要艳丽，奔鹿要欢快，大雁要展翅高飞，小鸟要楚楚依人；写字要格式完美，字体要苍劲有力或飘逸潇洒，总归是为了一个"完全的满意"。这样，一种特殊的艺术手法出现在陶瓷器皿的装饰中。它们或用多彩的随意的流动的曲线，或用点彩和呈辐射状的线条将整个器皿（如瓷壶）的表面几乎全部画满。这是一种全新的艺术形式，自由舒展、仿佛没有尽头的曲线，几股曲线基本没有交叉也没有碰撞，缠绕相随，削长而变幻的曲线体造型，亭亭玉立。丰富的色彩，特别是以曲线为主的线条和轮廓，充满了异国情调，给人以新颖的美感。与众不同的是线条在壶面上无限地伸展和集合，一副不画全满誓不休的架势，霸气、狂气若现，我以为这是只有盛唐才可能有的创作气魄。国力强盛，物资丰富，文化繁荣的大唐社会，人们追求卓越，追求圆满。人的欲望不停地膨胀，不停地满足，又不停地膨胀……有先哲说过：艺术来源于人的野性，这种全满的描绘形式难道不是人的这种永不满足的欲望的发泄或诠释？尽管这种表现方式就意识而言似乎显得过于直露和肤浅。

　　看来，对人类的"不满"心理，是应该赞扬和提倡，还是应予鞭笞和约束，可能是一个永远值得讨论的哲学命题。

绿釉壶

高19厘米　口径8厘米

酱釉壶

高21.2厘米　口径8.6厘米

白瓷绿带长壶

高22厘米　底径9厘米

横柄绿彩带壶

高18.8厘米　口径5厘米

茶壶
高8.3厘米　底径6.2厘米

茶壶
高10.5厘米　底径6.2厘米

鸡尾罐壶
高13厘米　口径4.5厘米

解读长沙窑

黄彩绘壶
高19.5厘米 口径5.0厘米

青釉彩带壶
高19.5厘米 口径5.6厘米

佛器

在长沙市西北方的沩山（属宁乡县），有一座
建于唐朝的密印寺，其开山祖是高僧灵祐禅师，在
此还创立了著名的沩仰宗。得益于当朝宰相裴休的
上奏和支持，密印寺曾拥有寺田3700亩，僧众多达
3000余人，仅佃农就有上千户，可见当时寺庙之宏
伟，佛事之浩大。同在长沙市内的岳麓山山腰还有
一座麓山寺，始建于晋，扼山临江，气势磅礴，唐
时更是盛极一时。这样，在湘中方圆不过二百里的
范围内，就有两座遐迩闻名、至今犹存的佛教寺庙。
当时还有多少大大小小、以后又逐渐消失的庙宇禅
寺，是谁也讲不明白的。由此说明唐朝的湘中大地
上佛教盛行，流传之广，影响之深，为后来者追之
莫及。长沙窑就位于这两座著名的寺庙附近。

佛教已经深入到唐朝社会，广泛进入到民间
千家万户的生活，原本就贴近民众、贴近社会的长
沙窑，处于这样一个浓郁佛教环境之中当然会作
出应有的反映。但可惜没有留下任何的文字记载，
可是陆续现世的实物却为我们提供了充分的、有
力的证据。

一只长沙窑的瓷碗里赫然写有"麓山寺茶碗"
五个文字，这只茶碗是弟子捐赠还是寺庙订制并不
重要，重要的是直接证明了长沙窑为佛教服务的事
实，也互证了麓山寺和长沙窑的历史之悠远。

有一把瓷壶，流嘴下绘有一幅画，中间是一居

绘画壶
高18厘米　口径6厘米

茅庐，两边是两棵（少数三棵）高出茅庐的大树。茅庐不是一般的茅草农舍，而是由长沙窑所处的石渚湖和湘江两岸丛生的芦苇捆扎搭建而成，此类茅庐至今在洞庭湖的芦苇荡作为一种临时的居舍，依然可见。树是叠画而成，只见树形，不见树叶。长沙窑的绘画中，常画花草植物，唯有此处绘大树，多画植物动物等自然景物，少有绘建筑物的。问题是这种瓷壶已发现几十把之多，且壶形、大小基本类似，特别是绘画内容、结构，茅庐大树的形状、布局、色彩几乎雷同，这在长沙窑的瓷件中较为罕见，也令人颇费思量。茅庐本是寻常之物，只能置于河滩荒野之上，居者自是苦不堪言，本非愉悦乐事，而却在长沙窑的瓷件中大加张扬；茅庐也非百姓常用之物，绘之却情趣索然，占据着画的中心位置，这只能有一种解释，作者在倡导一种吃苦静修的精神。有名家说，此类茅庐在敦煌的壁画中曾经见过，如此看来，这些茅庐是苦行僧们的穴居之地，应不是言之无据。显然，两边的大树应是菩提树。相传佛祖释迦牟尼看到人世间生老病死诸苦相，决心寻找解脱的方法，以求人生之真谛，于是苦行苦身若干年之后，在菩提树下独坐冥想，经过七个昼夜，忽然觉得自己已经成就了无上正等正觉，也就是成了佛。那么，这幅《菩提树下的茅庐》绘画，就是一幅佛教的宣教画，仿佛是昭示佛家弟子，须得苦行苦身，沉寂凡尘，潜心念经诵经，方能修成正果。西天的菩提，东土的茅庐，分明是佛教中国化的一个缩影。至于瓷壶作何用，想必是寺庙僧人的用具，如果良民百姓拿来使用也是一份佛缘。

　　另有一只青瓷高足碗，精致规范完整。在长沙窑中，高足杯可见，而高足碗难得一见。其造型优美，曲线圆润，表面光洁，可能是长期浸泡水中，釉面保存完好，至今仍光亮如新。碗口略加变化，呈莲花边，且用少许绿釉点缀，碗内用褐绿彩绘了一个带系的大布袋，令人耳目一新。在长沙窑的绘画中，飞鸟走兽，奇花异草皆能入画，唯有此碗画上一个大布袋，不知是何缘由？

　　诚如大家所见，在中国的寺院中，常供奉有十八罗汉，乃是佛陀临涅槃时嘱托的护法使者，殊不知，唐时依旧规罗汉菩萨还只有十六尊。其中一位就是我们常见的大肚露脐、笑口常开的弥勒菩萨，因习惯背一只布袋，又称布袋罗汉。他的原名叫因揭陀，是印度的一位捉蛇人，为了防止毒蛇伤人，他将蛇捉住除掉毒牙后再放生，布袋则是装蛇用的，因时发善心而入佛门成了正果。相传曾在浙江奉化一带显灵，并留下佛偈曰："弥勒真弥勒，分身千百亿。时时示时人，时人自不识。"在唐朝，在佛教中国化的过程中，产生了禅宗经派。禅宗的学理是"直指人心，见性成佛，不立文字。"认佛在心里，不在心外，即是不重外形，而重内心。如此说来，碗中的大布袋可理解是弥勒菩萨即布袋和尚的化身，见布袋就如见布袋和尚一般。这只高足碗自然也就成了佛事的用具，似乎可用作摆放供品的器皿，或许是僧人们用来化缘的圣钵。

　　弥勒和尚可能是最贴近群众，最受老百姓欢迎的菩萨了。他笑容满面，大肚敞露，衣冠不整，随缘随俗，急百姓之所急，解百姓之所难，乐于奉献，赐福百姓，正是佛教平民化的一个理想形象。弥勒的大布袋又叫乾坤袋，更是充满了传奇的色彩，民间普通的大布袋到这里成了一只乾坤尽收、容量无限的神奇的百宝袋。进一步引申则如弥勒菩萨的"大肚能容容天下难容之事，开口便笑笑世上可笑之人"的精神世界一样，饱含包容万事，乐天大度，游戏人生，忧犹如乐，苦行是道，渡难是功的哲理，这正是佛门功德的造化。这只高足碗单画一只大布袋，其用意就是弘扬佛理，传播佛音，撒播福祉。长沙窑的佛家弟子们，其心可善可陈，可嘉可叹！至于乾坤袋经常出现在许多的神话故事和武打小说之中，或是法力无穷，降妖收魔，或是临阵展袋，所需尽从袋中而出，以解燃眉之急，等等，则是佛门以外的事了。

佛教自东汉传入我国，与中华文化相融合，继而成为中华文化的一个新的组成部分，正体现了中华文化博大包容的精神，长沙窑为此也作出了应有的贡献。

高足碗
口径13.5厘米

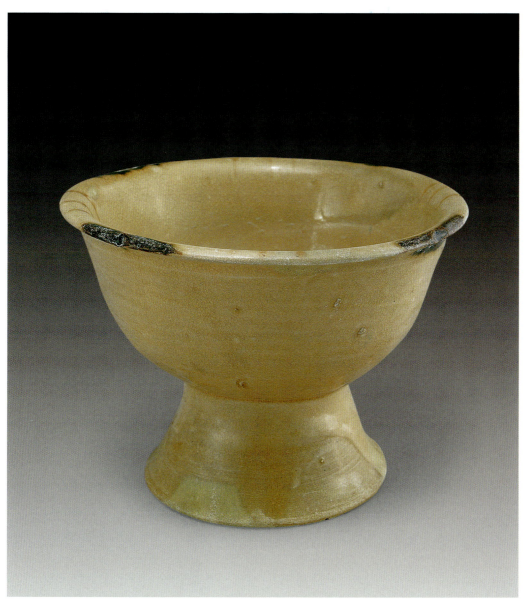

高足碗
高8.9厘米　口径13.5厘米

琐碎痰盂事

痰盂自何时有，本人无从知晓。但眼前看到的，确是长沙窑的一个瓷质痰盂，由上下两部分组成，上部呈漏斗式的敞开撇口，通体施蓝釉，光亮细密。下部是类似球体的盛痰的容器，直径比上部小很多，便于手捧着使用，釉面因蓝釉的窑变而呈浅酱色。颈子很细有利于上下部的隔离。另外还有一小的瓷盂，也是长沙窑的产品，形体与前者十分相似，只是整体直径都很小，上下部的直径差别没有那么大，可能是放在床头枕边使用的器皿。青色的釉面因长年的侵蚀而暗淡无光了，红绿色的釉下彩装饰图案依然醒目。这样，一千年前，在唐朝普遍使用痰盂是确凿无误的事实了，至于再上溯到何年何月，还是留待专家去研究考证吧。

痰盂这种过去常见的东西，现在已是难得一见。如今的城市家庭，卫生洁具一应俱全，痰盂已显得多余。出门在外，文雅的人需要时多是以纸包痰，不文明的人们依然我行我素，旁若无人，照吐不误。土老冒为之，衣冠楚楚者也有为之。虽然在城里，政府在公众场所安置了许多的公用垃圾筒（或痰盂），相配套还制定了许多的，甚至严厉的处罚措施，但是"痰声"依旧，未有销迹，可见国人的这个陋习何等的根深蒂固。据闻某市规定，凡随地吐痰者，每次罚款5元，一路人经过某广场，扑哧一声，一口浓痰碎然地下，被管理员逮个正着。行者尴尬万分，果然是情急生智，掏出10元钱交上，再往地上"补"吐一口口水（已没有痰了），管理员不知所措，围观者啼笑皆非，吐痰者扬长而去。

改革开放之初，国门大开，洋人鱼贯而入，国人列队而出，痰便吐到了国外，随地吐痰的陋习也暴露在世人面前，老外颇多微词，成为讥讽国人的一个笑话，以至震动了社会，惊动了上层。本人曾犯疑，难道只有中国人有痰，外国人就没有痰？远在明朝就有医学家张介宾写过："痰，即人之津液，无非水谷之所化。此痰亦既化之物，而非不化之属也……"因此，生痰乃是自然的生理现象，外国人也是人，恐怕也不能幸免。可是，外国人为何不随地吐痰呢？

"文革"之时，美国总统尼克松访问我国，在中南海丰泽园的书房里，受到伟大领袖接见，一时成为轰动世界的大事。大新闻之外，人们把目光投向了书房里、沙发之侧的颇为壮观的大痰盂。痰盂对于国人习以为常，对于老外则是少见多怪。既是多怪，自是少见，既是少见，自是国外没有此物。当时也曾犯疑过，外国人就不吐痰？

岁月的流逝让人逐渐地长了见识，外国人也是有痰的，只是对痰

痰盂
高9.6厘米　口径17.6厘米

的处理有更为文明卫生的方法，并成为一种自觉的道德行为，犯不着一吐为快。或许相对而言生痰的外国人稍少，但是至今未见有医学专业方面的统计数据。国人多痰，自古有之，不可武断简单地归罪于今日大气环境之恶化。制造痰盂，也是自古有之，并可算是国人一项很好的发明，于此不要忘记了长沙窑唐朝先民的贡献。各种质地（瓷的、铜的、玉的、搪瓷的），各种优美曲线造型，各种美丽装饰的痰盂，既满足了吐痰的需要，又是一种饰物，平添了生活情趣，更是一种生活的享受。

谈到生活情趣，老舍先生曾写过一篇小说《牛老爷的痰盂》，税关监督牛老爷因小汽车中没有备好痰盂而扇了庶务科长两个很响的嘴巴，由此展开的故事将牛老爷虽留过洋却依然醉心于旧时官场恶习的心理表现描绘得妙趣横生，印象颇深。亦有生活中，夫妻吵架，妻将痰盂扣在丈夫的脑袋上；父子打赌，儿子将痰盂套在爷们的头上，进得容易出来难，丈夫和老爷子羞愧难当以衣包头，妻子儿子暗笑相陪，一起到医院求助的大要事。痰盂乃藏污纳垢之物，一气之下，扣于对方头上，一般无生命之虞，却可解恨，却可戏谑，真是其乐也融融。

随着经济的发展和社会的进步，痰盂是越来越少见了，但愿随地吐痰的人也越来越少。

小痰盂
高5厘米 口径8.5厘米

盒子

　　大凡盒子，必是有底有盖，其断面形状多为方形、圆形，少为异形，且上下断面大小形状必须完全相同。如盖的尺寸小于底部甚或盖与底的形状如果不同那就只能叫罐子或其他了。既是盒子，个体不能太大，否则是方的就要称为箱子，是圆的就只能称为桶了。盒子本来就是上下合起来用的容器，叫合子也是可以的，为了齿合的紧密，底的端口一般都有榫口。

　　盒子小巧玲珑，一般是装比较精细的东西，因而是比较贴近人的器皿，广泛得到使用。人们很早就制造和使用盒子，开始是木制的，以后又做成了工艺极精，非常美丽的漆盒。唐代的长沙窑凭借其精堪的制瓷技术，特别是首创的釉下彩技艺，将瓷质的盒子制造得完美无缺，美轮美奂。

盒
高4.5厘米　直径9.5厘米

小盒
高2.5厘米　直径5厘米

长沙窑的瓷盒几乎全是较矮的圆筒形，亦可称圆饼形。一只不大的青瓷彩釉盒，盖面略呈曲面，上面用褐绿釉以点状绘出不知何种寓意的曲线图案，褐釉因多年的剥蚀，残留得较少，不透明的绿釉却保存完好，鲜艳夺目，每个绿点的边沿渗透着紫红的晕圈，其青釉的背景上，不均匀地分布着淡淡的紫红色，使整个盖面呈现出一种含蓄的华丽。显然，绿釉中含有铜离子，在高温的烧结过程中，绿釉料熔化后浸漫于盖的表面，甚至流浸到盒盖盒底的周边，这些蔓延的绿釉料因含有少量的铜离子，在合适的温度下正好还原成淡的紫红色，这就是难得的铜红釉。

点彩是仿照金属制品錾制工艺的装饰方法，还有抽象随意的曲线图案，这些都明显带有阿拉伯风格，有的盒盖上甚至还写有阿拉伯文字，这一切都说明，这类瓷盒是用于出口的。研究表明，一千年前的长沙窑是重要的瓷器出口基地，生产了大量在器形和装饰上都充满异域风情的瓷器，尤以釉下彩的装饰独树一帜，而其中的瓷盒似乎更能符合外国人的生活需求而受到欢迎。

这些瓷盒是干什么用的呢？请看一只长沙窑的瓷盖，除边沿有局部缺损外，基本保留完整。瓷盖因薄而较轻，圆盖的圆度和盖子因分梯次抬高产生的很圆的阶级轮廓线，都显示出胎体制作的高超手艺，特别是薄且均匀的青釉面，不知是什么原因，完好无损，虽经千年的风尘洗礼，依然保留着耀眼的光泽。无论是瓷质和胎体制作、釉料及施釉工艺、窑炉的烧

盒盖
直径9.5厘米

结技术，这小小的盒盖都折射出长沙窑瓷器生产具有很高的水平，比起同时代的名窑——越窑的青瓷毫不逊色。盖上用流畅的行书信手写有两个略扁的文字："油合"。字是用柔嫩的草绿色釉书写的，至今鲜艳醒目。那么就明明白白地告诉我们，这只小瓷盒是用来装油的。装什么油，肯定不是装食用油，装食用油用不着如此精美的器皿，容积也嫌小，类似的盖子使用起来也不方便。的确，这些精巧的小瓷盒是用来装化妆油，或者是装化妆粉用的，也就是今日常见的香粉盒或香油盒之类。看来女人爱好化妆，古今中外莫不如是。但是，在长沙窑中，也有很大的瓷盒，其直径甚至达到20~25厘米。如一只绿色的瓷盒，直径就达20厘米，制作规范，全身的绿釉将盒子装扮得分外素雅。更有一只青黄色釉面的盒盖，直径为25厘米，面如满月，其上绘有一只展翅飞翔的大雁，其凌空的气势，冲天的颈项，矫健的双翅，实在是一件不可多得的优美艺术品。这样大的瓷盒应该不是用来装化妆品的，但因有底有盖，似乎装什

大盒
高10.5厘米　直径20厘米

解读长沙窑

盒盖　直径10.5厘米

么都行，唯独装液体不是很合适。

　　瓷质的盒子有光洁的釉面，美丽的釉彩，耐腐蚀的瓷质，但毕竟比较沉重，易于破碎，而且接口因是较硬的瓷质，齿合得不是很紧而难于密封。尽管对于木盒漆盒来说有其先进一面，但随着科技的进步，生产的发展，更多的纸盒、塑料盒、金属盒，甚至用各种纺织品制成的盒子适应各种不同的需求，以低廉的成本大批量地生产出来，瓷质的盒子好像除印泥盒以外基本上不再生产。先进的取代落后的，这是一条永恒的自然规律。但长沙窑生产的这些瓷盒作为一个历史见证，仍以其特别的魅力带给我们美的享受和不尽的历史思索。

盒盖　直径25厘米

精打细算

相传在黄帝时代就有了算盘的萌芽，据此可知，中华的先祖们大约在创造文字用于记事的同时，就发明了用于计数的算盘。文理两种思想在先人的头脑中几乎同时产生，说明了文、理原始就是相通的。算盘是中国对世界文明做出的伟大贡献之一，以至到今天，当速度达万亿次甚至更高的电子计算机不断出现之时，算盘这个古老的计算工具不但没有消失，相反仍在广泛地使用，可见算盘的生命力之旺盛。古老的文明中只有像文字、语言这些很少的东西不随时代的变化而较少变化或遭淘汰，算盘当列其中。算盘的使用还丰富了中国的语言文字，如果不打算盘，可能就不会有"打算"这个词，因为按常理而言，"打"和"算"这两个字怎么也拉不到一块来的。

算盘的样式以长方形为主，由此衍生出其他形式，如多个长方形组合的，如转盘形的，大小则不等。制造算盘的材料甚多，目前最常见的是木质的，过去也有骨质的、金属的、玉石的，现代更有塑料的，当然

算盘珠　直径3.5厘米

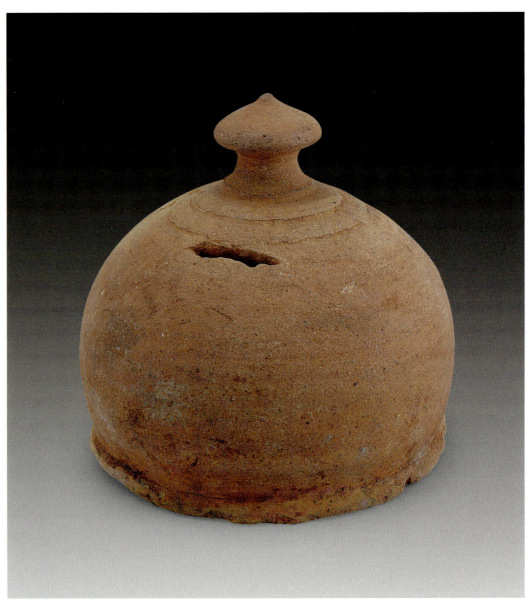

扑满

高12厘米 底径13.2厘米

也有用陶瓷制造的。唐长沙窑生产的瓷器种类最为丰富，就此而言，可能没有一个瓷器厂可与之相比，比如说瓷的笛子、瓷的铃铛、瓷的砚台，当年没有哪个窑口制造，现代的瓷器厂也不再生产，尽管原因各异。而长沙窑就有这类的产品，算盘珠也是如此。请看几粒长沙窑的瓷质算盘珠，外径约3.5厘米，孔径约1.2厘米，珠厚约1.1厘米，尺寸比现在常用的稍大。胎体细腻且较白，应该是用当时最好的瓷土制造。珠面有的呈宝石蓝釉面，晶莹剔透，有酱釉的，色泽沉稳，还有白釉点绿彩的，新颖别致，用这样的算珠制成的算盘赏心悦目，使用起来也轻松愉快。

算盘在唐朝十分普及，陶瓷制作的算盘其边框和支架应是木质或竹质，但经不起长年的腐蚀已极少存在，而长沙窑的这些瓷质算盘珠却因良好的耐腐蚀性而残存下来。当时，无论用金属还是用木材，或者用玉石来制造算盘珠，进行机械加工都比较困难的，成本自然很高。而用泥土制造瓷质算盘珠，相对比较容易，这类算盘的价格也就比较低廉，正好满足了唐时相当发达的市场经济需要。随着生产力的发展，机械加工水平大大提高，陶瓷的算盘终因较为笨重和易于破碎而被大量廉价的木质算盘所替代，现在完全不生产瓷质的算盘了。

正是有了算盘的使用，才有了"精打细算"这个成语，意思不言自明，就是干什么事都精确计算人力、物力、财力，从不浪费。是一种处事行为的表达，更是一种思维方法的描述。

作为这种思维和行为在日常生活中的一个体现，为了积攒硬币，节约花钱，就有了扑满或者叫钱罐子的东西。扑满看来也是古老的器物，在唐朝应是举家皆备，特别是寻常百姓之家，长沙窑出土如此多的陶瓷扑满充分证明了这一点。

一只长沙窑的陶瓷扑满，底径为13厘米，容积较大，造型十分优美，特别是曲线非常的柔和丰满而颇具性感，扑满顶部便于手提的蒂头制作得相当认真，可能是为了节约制造成本有利销售而没有施釉，露

扑满
高8厘米　底径7.5厘米

出胎体本来的浅红色。

　　另一只扑满则小得多，其底径只有7.5厘米，造型简单实用，制作比较随意，胎体呈铁灰色，也没有施釉，倒是在中上部涂了一层白的化妆粉。和一般的陶瓷器件比较，似乎没有更简单朴实的了。

　　还有一块扑满的残片，仅在上部施有青釉，却留下了几行文字，字是在无釉的胎体上刻写而成，内容为"咸通四年陆月十四日钱罐子一口三千（?）文立"。

　　瓷的扑满现代依然还在生产，只是做得非常精美且很艺术化，如做成小猫、小猪或胖娃娃的式样等等。长沙窑在制作其他各种实用型的器皿时，往往在装饰和造型上都特别注重艺术化的处理，这正是长沙窑的优秀所在。唯独在扑满的制造上，却处理得甚为简单，基本上不作任何艺术加工，极其保持原来本色，或许，这正是长沙窑窑工们的精明过人之处。买者购置扑满，无非是为了节约每一个铜板，聚少成多，集腋成裘，何况扑满并非生活必需品，而且硬币一旦储满，扑满被打碎，弃之无用。本来就是为着节约而来购买，自然不愿意哪怕多出一个子儿。长沙窑窑工摸透了消费者的心理，故尔将扑满制造得最为简单，成本减到最少，以最小的利润，最低的价格去争取顾客，赢得市场。

　　买者细算，卖者精明，唐朝社会，人人精打细算，个个聪明绝顶，作为后代的现代人难道不感到大方有加，自愧不如？

发声的瓷器

　　每当中国的钢琴家在国外演奏时，总能获得这样的美评：演奏家在寻找瓷一般的声音。在外国人看来，瓷和中国人是密不可分的。其实，只要我们随便拿来一只现代的瓷器如瓷碗，轻轻敲击一下，确能发出悦耳的声音，如果稍加改良，做成瓷的乐器，想必能奏出美妙动听的音乐。也许是瓷器容易击碎，或是其他什么原因，反正现在基本上没有瓷质的乐器，更谈不上流行。当然也不是完全没有，比如埙，但似乎仅此而已，且演奏者寥寥无几，不能成为现代乐器的主流。

　　古代陶瓷与音乐的渊源却很深，特别是陶器。比如上面提到的陶埙是一种最古老的吹奏乐器，相传有7000年的历史，商周已很盛行，原来只有一孔，后来为多孔，能吹奏出音阶，音色低沉悲凉。还有作为打击乐器的陶缶（陶罐）、瓯，以及瓷鼓、瓷的箫笛等。

　　陶瓷能够制成乐器并在古代的乐器中占有一席之地，唐长沙窑发现的许多实物确可作一些辅证。

　　埙在过去一般都用陶制造，而在长沙窑中却发现了大量的瓷质的埙。这些瓷埙几乎都是三孔，体积也不大，吹之能发声，但音调简单。它们的精彩之处是长沙窑所赋予的美不胜收的造型和装饰。长沙窑在生产了大批的实用瓷器之外，也制造了不少的瓷器工艺品，其中最主要的就是一些动物雕塑。

铃铛
球径4.2厘米

铃铛
球径4.2厘米

解
读
长
沙
窑

鼓架

残高11厘米　口径13.2厘米

这些动物雕塑品种甚丰，飞鸟走兽，家禽猪羊，应有尽有。如若归类，大致有三：一是作为玩具，体积较小且为实心，一般还加装了一个用于系绳索的小半环；一类随实际的用途而雕塑的动物装饰，如镇纸、香炉等；另外就是大量动物造型的埙。近似圆球的体形，圆滑地连接一个较小的猪头，朝天的猪嘴，两扇变形的大耳朵，明亮的眼睛，再塑上一个尾巴，一只可爱憨厚、胖呼呼的小猪就以夸张的手法完成了。掏上三个圆孔，就成了一个猪形的埙。表面施上一层淡淡的褐釉，增添了埙的光彩，也使造型更为饱满，犹如现代抽象派的雕塑杰作。依然是球体，只是连接上兔头，就成了一只健壮的小白兔，再掏三个孔，也就成了一个兔形的埙。依此类推，则有其他各种动物形状的埙陆续出现。也有较为写真的动物埙，一只蹲着的小鸟，回头顾盼，颇为生动传神，体形纤瘦，离现实更接近一些。凡长沙窑的埙都是以动物为造型的，都是三孔，因此，这些埙与其说是乐器，不如说是哨子，应是一种能够发声的玩具。

　　的确有瓷的横笛，当然这是真正的乐器。还有瓷的铃铛，摇之发出的声音，随瓷土的质量，烧结的硬度而不同，有的清脆，有的浑厚。有铜铃，有银铃，为何长沙窑做出了瓷铃？就音质而言，后者怎么也不如前者，就制作简易、成本低廉而言，瓷铃却颇具优势。南方的长沙少马多牛，此类瓷铃可能不是马具，而是牧童放牛之用，当然

兔埙
高4.5厘米　长5.5厘米

猪埙
高5厘米　长6厘米

鸡埙
高3.7厘米　长6厘米

也可用做玩具。

瓷的鼓架也能制造，并有现世之物，旁人多有述及。今有一件类似的器件，器形很小，长不过8厘米，两头呈喇叭口。全身没有施釉，露出灰白的胎体，制作比较粗糙。此物作何用？是作为玩具的小鼓架，还是儿童们用来逗玩的传声筒，抑或就是一只小喇叭？留待各位评说。

这些能够发声的瓷器，现在除埙还在使用外，其他都不再生产了，这是时代发展的必然。但是作为一个有趣的存在，唐长沙窑作了一个很好的见证。

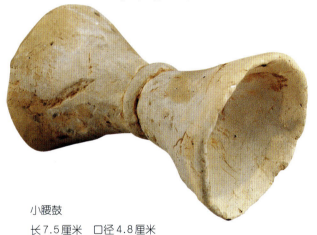

小腰鼓
长7.5厘米　口径4.8厘米

笛子
残长11.5厘米　直径2.5厘米

教育普及

任何一个经济发达，文化繁荣，国力强盛的国家，其背后无不有一个卓有成效的教育系统作支撑。而发达的教育事业反过来又进一步促进了社会的发展。这个辩证法已是尽人皆知，形成了全体人类的共识。

唐朝前一阶段的强大已是历史的定论，唐朝的教育史也是值得教育专家们研究的。当我们浏览长沙窑现存的大量器物及器物上留下的不可多得的文字时，我们发现了许多说明唐朝教育普及的实物及文字的证据，在湘中这一带的穷乡僻壤，教馆并非常人不可入的神圣庙堂，普通百姓一般也能受到教育。

在已经发现的长沙窑的诗文中，有这样的内容：

天地平如水，王道自然开。家中无学子，官从何处来。

竹林青郁郁，鸿雁北向飞。今日是假日，早放学郎归。

白玉非为宝，千金我不须。意念千张纸，心存万卷书。

首先说的是学习的目的，科举制度下，学而优则仕，人们为了追求步入仕途，都争取要读书。正

文字壶
残高15.5厘米　底径10.5厘米

狮镇纸　高7.5厘米

砚台（正面）
高1.2厘米　直径10厘米

砚台（背面）

笔掭
高3.6厘米　口径7.5厘米

规的学校教育自然是县学、州学和最高的太学，三家村中也有课蒙童的村塾，在清明、端阳等重要的民间传统节日放假。

要学习就必须有相应的学习用具，要普及，这些用（文）具就不可能很昂贵，长沙窑的确生产了许多价廉物美的文具，说明了这类文具有很大的市场，由此也可推断出教育的普及程度。殷实人家自不用说，就是普通人家的孩子也能获得必要的文具来进行有效的学习。

纸、笔、墨、砚称为文房四宝，是写字的用具，当然也是学习及教育的用具。除砚以外，陶瓷似乎与它们无关，但是用于写字，或者也可以叫文房四宝的"辅件"，长沙窑就生产了无数此类的瓷器制品。

在砚台里磨墨，少不了用水，仅用于盛磨墨的水的器皿就有水盂、水注。水盂有青釉酱釉的，也有釉下彩的，有大的，其直径达9厘米，有小的，直径仅为4.2厘米。彩色的装饰花纹也各有不同，无论是造型还是装饰都很美。

水注的式样就更多了，有瓶式的，也有壶式的。瓶式的一般做成葫芦形的，大同亦有小异。而壶式的当然都有小嘴，其式样变化多端，葫芦形、喇叭口、盘口。色彩则有单色的青、酱、绿釉，以及各种花纹的釉下彩。小巧玲珑，制作精细，美不胜收。

在书案上写字，有"镇纸"。一个狮子形的镇纸，既可压纸用，又是一件耐看的小摆饰，为书案增色。

写字时为了调适笔锋就有"笔掭"。

写完字的毛笔要洗干净，就有造型和装饰都很美的"笔洗"。

清洗干净的毛笔放置在一个"笔插"上。如图一个使用过且损坏了的笔插残件，因损坏可见其断面：用于放笔而呈圆筒形，具有明显使用过而留下的墨迹。未损坏的一面用褐釉写有一方印章——"刘清彬造"。四个字仿古封泥印写的是篆体，但不十分规范。长沙窑现存的大量文字中，主要是行书、草书，篆字就笔者所见，仅此而已，也算是弥足珍贵的了。

仅仅为了写字，仅仅为了配合文房四宝的使用，长沙窑居然就制造了如此多的，式样各异、分工细致的水盂、水注、笔洗、笔掭、笔插，大量而廉价，简洁而艺术，这不是从一个侧面印证了唐朝教育普及之广吗？

普及的教育为唐朝造就了大批高素质的公民，为唐朝的强盛奠定了坚实的基础，对于以图中华复兴为己任、以现代化为目标的中国人来说，应是一个有益的借鉴！

笔插（正面）
高5.7厘米　底宽5厘米

笔插（背面）

笔洗
高6.7厘米　口径12厘米

笔洗
高10.5厘米　口径15.5厘米

水滴
自左至右高度为 9.5 厘米，8.5 厘米，6 厘米

水盂群
自左至右腰径为 5.5 厘米，7.8 厘米，8.3 厘米，6.8 厘米，4 厘米

水滴
自左至右高度为 8 厘米，8.7 厘米，7.2 厘米，6.5 厘米

悠悠万物　唯此为大

　　有人说它像一个桃子，可桃子比起它来显得很渺小；有人说它像一颗心脏，可这颗心脏是如此硕大，具备这颗心脏的一定是个巨人般的超人；有人说它像小孩玩耍的陀螺，可这个陀螺任凭什么人挥鞭也不能使它旋转。这些都不是，它是一千年前唐长沙窑出产的一个瓷缸。

　　这是一口真正的大缸，它的高度为52.5厘米，底径为20厘米，口径为37厘米，腰径为60厘米，壁厚为1.1厘米。容积约为0.12立方米，如果用来装水可装120公斤。缸体自重为23.85公斤。

　　听人介绍，这口缸当时破成112片碎片，由碎片可见胎体呈铁灰色，质地细腻，经专家精心拼接而成现在这个体形。上部不规则地施有青釉，掉釉较多，下部没有施釉。

　　长沙窑现已发现的各类瓷器成千上万，但就人们所见，论体积、容积、几何尺寸而言，此缸应是最大的一件。王者，大矣；大者，贵矣；物以稀为贵，仅此一"大"就足够引起人们的关注。这样一口大缸是作什么用的呢？可以盛水，可以装粮食，当然也可以装其他的东西，我觉得研究其用途已经不是很重要的事情。令人感叹的是千年前完全凭手工居然做出了这样大的一个完全对称的美丽的曲面胴体。

　　它的造型是美轮美奂的，从小的底部开始，曲线以较大曲率半径向两边、向上伸展，接近最大腰径时，曲率半径继续加大，曲线平缓的达到最大点，以后，曲率半径略微变小，达到最高处，此时没有结束，而是继续以更小的曲率半径向内、向下收缩不久后停止。丰满而苗条，圆润而富于变化；底部虽小而不失稳重，腰径虽大于高度而不显臃肿矮胖。因此，有人说它像桃子，像心脏，像陀螺，总之，给人以良好的视觉美感。作为一个用陶瓷制作的、质感凝重的庞大曲面体能够产生如此美妙的亲和力，我们首先要为这位制作者的轮廓设计和

大缸
高 52.5 厘米　腰径 60 厘米

线条感受而喝彩。

更使我们感到钦佩的是制作者的胎体制造技术。当时，制作胎体不能像现在可以通过模压成型，旋转的工作台也不可能像现在使用电动机，马力强大，当然也不会有复杂的控制技术来调节不间断的均匀的旋转速度。几十公斤的泥土放置在工作台上，利用人的能量来启动和调控旋转，同时要密切地配合，通过离心力和手力的合成，将一堆潮湿的泥土延展、塑成一个厚度均匀，完全对称的大"蛋壳"，这已经不是单单用高超的技术可以形容的了。制作过程中大脑的想象力、经验感，手的力感、触感、动感、方向感，两脚及全身的力感，整个归于一个感觉，归于一个完好的艺术感觉，才能成就这样一个缸体的制作。仅有技术不行，仅有艺术也不行，这是技术和艺术完美结合的产物。这种结合即使现在的师傅凭借现代化的工具也不是人人、次次都能够做得到，但是，长沙窑的先民做到了，由此，这件来自一千年前的大瓷缸就愈发显得珍贵。

我们有幸亲眼见到唐朝制造的这只大瓷缸，不由得产生许多的感受和联想。

小的或者不大的陶瓷器具在唐以前早已有制造，这样大的瓷缸出现在唐朝也是因果必然。唐朝经济繁荣，人们的生活水平很高，生活的需求丰富多彩，大容积的瓷缸正是这种需求的产物。经济的发达必然带来技术的发展，长沙窑瓷器制作技术达到炉火纯青的程度，因此已经具备这样的实力来制作大的瓷件。

底径小肯定是因为工作台面的狭小所致，不可能因制造少量的大件而专门制作大的工作台面，这是经济规律使然。成大器者，大智也，在艰难的环境中成大器者，大大智也。在小的台面上做此大缸者，非大智之人不可为。

能够制造这样大的器物除了大的智慧外，还来自制作者的决心、信心及用心，唐朝的成功是全体中国人的成功，正是唐朝的伟业造就了一批有决心、有信心、有用心的大智之人。长沙窑的窑工用身心制作了这样一颗桃形的巨心，这是唐人奉献给后人的一颗心，一颗中华心。

可是，盛唐之后，一千年以来，这颗心经历了太多的痛苦和磨难。皇权的残酷统治，改朝换代的内斗杀戮，特别是近二百年来，外国的入侵，强人的欺凌。母亲们在哀鸣，孩子们在呼号，男人们在流血！灾难深重的中国人在挣扎，在反抗。这颗在唐朝就已成熟的坚强的心破碎了。值得欣慰的是，中国这头睡狮终于醒了，这颗破碎的心终于也被我们修复了。只要我们励精图治，再奋斗几十年，我们又将像唐朝的祖先一样，傲视全世界！

乡情

乡情是什么？

乡情是乡土之情，故土之情，是对乡土、对故土的怀念之情。

乡情是北京四合院的闲侃，上海里弄的串门，是江南溪边的戏水，崇山峻岭中的炊烟。

乡情是美食，京城的糖葫芦，沪淞的狮子头，湖南的尖辣椒，陕北的窝窝头。

乡情是梦里的乡音，是八百里的秦腔，姑苏城外的评弹，刘海哥的嬉戏，蝴蝶泉边缠绵的情话。

乡情是乡里的亲友之情，是女人情，母亲的呵护，妻子的体贴，情人的"知音"，女儿的娇嗔，女友的唠叨；是男人情，祖父的慈爱，父辈的辛劳，儿子的长进，同窗的苦读，邻里的互助。

乡情是执著的情怀：金窝银窝不如自己的狗窝，虽绫罗绸缎而不忘蜡染印布，虽房车奔驰而不忘乡间小道，虽山珍海味而不忘红薯山药。一缕乡音可以是最美妙的音乐而绕梁三日，一把故土可以是最芳香的泥土而老泪纵横。

乡情是人类共同的情感，不因富贵而释怀，不因位卑而忘却，"君"临天下，依然"别梦依稀咒逝川，故园三十二年前"；囚牢之徒，仍旧"昨夜小楼又东风，故国不堪回首月明中"，富有而不忘记衣锦还乡，潦倒而无脸见江东父老。

乡情是美酒，愈久愈醇厚；乡情是烟草，离不了，戒不掉；乡情是幻觉，愈是遥远，愈是梦萦魂绕。因回乡将至而增喜悦，因望乡不果而自生愁。

乡情究竟是什么，乡情就是人之情，就是人类所有的一切的情感，只不过再打上乡土的烙印。

乡情是古老的感情，自从有了家庭和社会，乡情就绵延不绝，以至永远。乡情是高尚美好的情感，人们歌颂它，赞美它，造就了美丽的乡情文化。一千年前唐代的古长沙窑也加入到了这个行列。

一把长沙窑的瓷壶上写有一首诗：

万里人南去，三秋雁北飞。

不知何岁月，得共汝同归。

出行者刚刚离家南去，途中看见北飞的大雁，就思想着何日与大雁一起北行归家，思乡之情，溢于言表。此诗已见于《全唐诗》，作者韦承庆在唐朝武则天长安四年曾官凤阁鸾台平章事，中宗复位后配流岭南，这首诗就是在流放途中写下的。

近见一把长沙窑执壶，壶不大，高不过17.5厘米，短流之下，也书有五言诗一首，个别字迹不甚清楚，经仔细辨认，应该为：

澧河青石水，安居湖里边。

有心相故家，将书待客来。

经检索，在已发表的长沙窑诗文中，不见此诗，读罢全诗，见到的是一位普通百姓的思乡之情。虽不是诗人之作，但情真意切，也着实让人生敬。

乡情乡情，古今中外，概莫能外，男女老少，无一能免，不以权高富贵而抛弃，不以位卑贫贱而吝啬，我们谁也得尊重这一份感情，您说是吗？

文字壶
高17.5厘米 口径6厘米

不知春

长沙窑瓷器中有大量文字伴生，诗歌居多。已见发表的有几十首，但一般为五言和七言诗。这帧照片所示的是一把执壶，壶高约23厘米，整体相当完整，长流下书写的两句话并非五言或七言诗，却非常富有诗意。书是行书体，虽非出自书家之手，却颇见纤秀飘逸。

四行十个字，内容为：

不知春，早晚折取柳条看。

意思是说，春天已经来了，只是你还没有感觉到，请殷勤地等待，在某一天的早晨或晚上去折取一枝刚吐出嫩绿的柳条吧！

或许，还可引申出一种对爱情的憧憬，就像渴望春天快点到来早晚去寻新绿一样，时刻都在期待着幸福的降临。

唐朝经济繁荣，诗风鼎盛，仅从这位窑匠信手在壶上写的这十个字里，便让我们沉醉在浓郁的诗情中。细柔的笔画肖似柳条，也更渲染出了春的意境。

文字壶

高23厘米　口径11厘米

无夜不相思

　　"一别行千里，来时未有期。月中三十日，无夜不相思。"这是一首流传在民间的古代的五言诗，之所以能保留至今，得益于将它用文字记载在长沙窑的瓷器上。唐代的中国是个诗的国度，无人不吟诗，无处不飞歌，且不说李白、杜甫、白居易这样的大诗人的作品至今还占据着中国古典诗歌的顶峰，就是民间口头流传的小诗也让今人叹为观止。只是这类诗作保留下来的很少，这样说来，这首"无夜不相思"可称得上弥足珍贵的了。

　　让我们来看一把瓜形瓷壶，上部的壶口不复存在，淡青色的釉面因沉浸在地下的水中，虽经千年依然光亮如新，光彩照人。撅起的短嘴下写有四行诗："一别行千里，来时未有期。月中三十日，无夜不相思。"字迹十分清晰，字是用软笔书写的，楷体带行书，端正而流畅，布局因势参差，写字的釉色是鲜艳的褐红色。闪亮新鲜的淡青色做衬底，流动的褐红色的笔迹，错落有致的布局，我们仿佛在欣赏一幅现代的书法作品。无论是靓丽的釉面还是刚劲的字体都闪耀着青春的活力，使人们得到美好的艺术享受。

　　另一把瓜形瓷壶，短流之下也书有相同内容的四行诗，字是瘦金体。杜甫有诗云"书贵瘦劲方通神"，杜工部对瘦金体的书法似乎情有独钟。书法风格各异，有浓墨重笔、大气磅礴者，毕竟视觉空间较宽，回旋余地较大。书法的精髓是精、气、神，其力度是在意境中展开的。笔画细小的书法欲达此神韵似乎难度更大。

　　眼前看到的就是这样一幅瘦劲的书法作品。流畅的行书如涓涓细流，流水虽小，却是不可阻挡；所向无定，因之粗细有变，随遇而缘。又如曲径通幽，深不可测；峰回路转，柳暗花明。细而不飘，飘而不浮，脉络清晰，流有定式。其中夹有若干草书，轻笔圆熟，又有若干

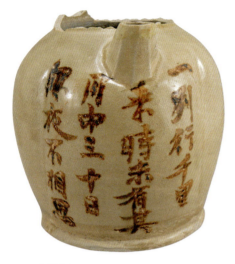

文字壶
残高12.6厘米　底径10.2厘米

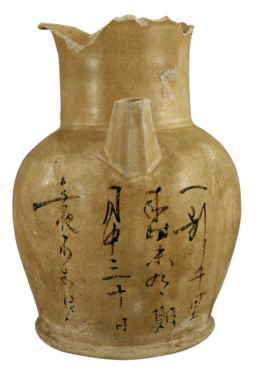

文字壶
高17.5厘米　底径10.8厘米

行楷，方正力劲，无一不是随笔者意气而发，动则奔放，静则如立松，意连笔连，意止墨顿，真乃一幅意念无穷的书法作品。

长沙窑瓷器上的文字因是普通窑工所书，难免随意草成。成就以上两幅文字者，即便是窑工所为，其书法水平也不得不令人刮目相看，确是长沙窑的书法珍品。釉料的改善也为书写者创造了好的条件，应为长沙窑后期的产品。

现在还是让我们回到诗歌中来。有一首类似的唐诗，是这样写的："一别萧萧行千里，来时悠悠未有期。一年三百六十日，无日无夜不相思。"这首诗有据可查，是唐朝小有名气的蔡辅东渡日本归来后，寄给仍在日本的朋友的诗作。比起本文的民间诗歌来，基本上是每句增加二字，韵致却减少了几成，比较而言，这首民间的五言诗更能抒情达意，琅琅流畅。可以当一首念友诗看，更应当是一首爱情诗。亲爱的人分别在千里之外，不知何日才能回来，从初一到三十，无一夜不相思。写诗的人可以是离家远行的丈夫，也可能是在家中独守闺房的妻子。

美丽的瓷壶，美丽的釉下彩，美丽的书法，美丽的情诗，这就是长沙窑带给我们美的艺术，让我们尽情地欣赏吧！

羞愧

金无足赤，人无完人。在一个复杂的社会环境中，没有哪个人一辈子不做一件或几件脸红的事。做了错事，只要认识错误，就能改正错误。而要认识错误，必然要经过一个心情羞愧，自我悔悟的过程，所谓"知耻而后勇"，正常人大抵如此。如果一个人，人性泯没，便什么错事、丑事、坏事都能做出来，所谓人无廉耻，百事可为。所以，羞愧是人性的体现，是很可爱的，有时也是很美的。让我们一起来欣赏一个古老而美丽的"羞愧"。

唐长沙窑的一把瓷壶上书有这样一首五言诗：

昨夜垂花宿，今朝荡路归[注]。

面上无元色，满怀将与谁？

要不就是萍水相逢，对方使尽诱惑，要不就是与相好交织着复杂的情感，突然迸发，面对一个如花似玉的异性，任何一个铁血男人都很难洁身自好、坐怀不乱，难免逾越禁区，这是人性使然。诗歌的主人公伴着这样的女人度了一个春宵，欢愉过后，是艳阳高照的白天。还得回家去，回到现实中去，回家的路上，恢复了理智的男人，蹒跚前行，边思边想，何以对家庭？如何面对妻子？全然没有了飞扬的神情、豪迈的气概，只觉得回家的路太长、太难，一句"荡路归"将这种尴尬的心情、欲行还退的神态表露无遗。理智的思考必然带来羞愧的悔恨，"脸上无元色"既是一夜荒唐、疲劳不堪的脸色描写，更是无颜见亲人妻子的一种精神写照。由荒唐到尴尬，到羞愧，终于完全恢复了理智，家庭还是自己的家庭，妻子还是自己的妻子。"满怀将与谁"？答案已在其中了。这是一个负责任的男性，一个有道德的男性，一个可爱的男性。偶犯错误

〔注〕 垂花门：旧时住宅在二门的上头修建像屋顶样的盖，四角有下垂的短柱、柱端雕花彩绘，这种门叫垂花门，也叫垂花二门。会见客人一般只在垂花门外。

是人性的反映，知羞知耻则是良心的回归。从犯错到知错改错，我们见到的是一个真正的男子汉，没有理由为这样的男人不安。

四言二十个字，通俗易懂，但极富诗意。"垂花"应是"垂花门"的借词，是当时对婚外情女性对象的俗称，一个"荡"字恰如其分地概括了主人公回家路上的复杂心情，"脸上无元色"的双关含义颇具语言技巧，用结论明白的反问句作为诗的结尾，都充分说明了虽是民间诗作，却表现了很高的艺术水准。全诗将一个迷途知返、知错就改的故事，用诗的语言展现在我们面前，故事很美，语言更美，以至人们似乎忘记了主人公所做的错事，得到的是美的"羞愧"、美的享受。也许他的妻子，他的亲人知道真相以后，很难原谅他的过失，但是，读者已经原谅他了，您说是吗？

现存的上万首唐诗都是出自名家之手，反映的主要是唐朝社会现实和士大夫的生活，也有描写民间百姓苦难的，如《卖炭翁》等，尽管水平很高，但数量不多，而且总是以一个旁观者的角度去体会，去描述。用民间的诗语去挖掘民间的生活，去叙述百姓自己的感受，特别是像本诗一样去描写普通男人的脆弱个性、羞愧心理、勇于纠错的精神则难得一见。这种普通民众的体验，感受，道德观念都不是那些士大夫阶层所具有的。在唐朝，诗人的社会地位很高，其周围莫不是美女如云，男欢女爱之事如家常便饭，何足挂齿，又有何羞愧可言？又如何能写得出这样的诗歌？如果不是长沙窑，可能我们永远也见不到这首真正出自民众心声的诗作了。感谢长沙窑的先民，通过这首诗，让我们看到了唐朝民间普通生活的真实、民众精神世界的真实、民间诗歌艺术水平的真实，当然还有唐朝民间书法的真实，我们有理由为唐朝的民间诗人而自豪。

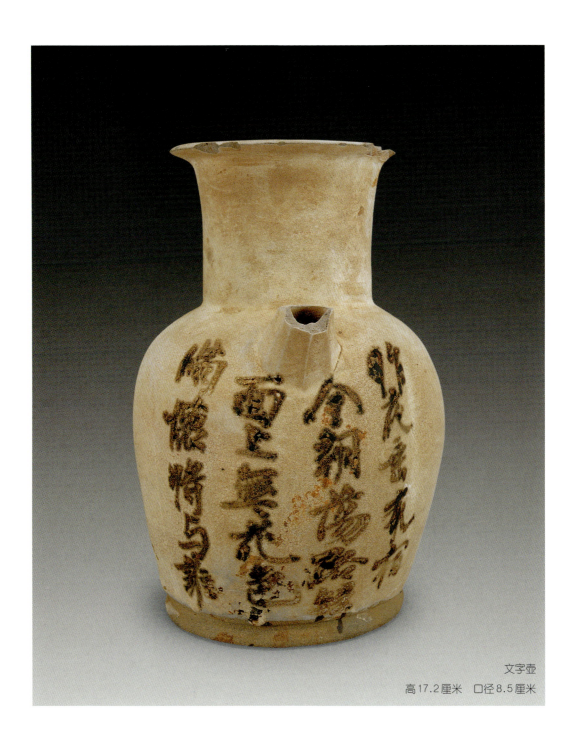

文字壶

高 17.2 厘米　口径 8.5 厘米

两首民风小诗

新近看到两个长沙窑的瓷壶,壶体局部损坏,整体尚完整,特别是在八棱短嘴流下分别书有诗歌一首,字迹非常清晰,文字保留完好。其中一首为:

作客来多日,烦夕主人深。

未有黄金赠,空留一片心。

诗中的客人和主人之间显然不是商品经济中商旅生涯的主客关系,而是一种亲友之间的交往。在地理位置相隔较远、见面不多的亲友互相看望并留宿奉饭一日或多日,在交通信息不甚发达的封建农业社会里可以说是司空见惯,即使在今天也仍然存在。问题是怎样正确处理这种交往活动而不要弄得不愉快。客人来看望远方的亲戚朋友,以此叙情相亲,自是一番深情善意;"有朋自远方来,不亦乐乎。"主人热情相待,也是一番美意浓情。社会毕竟是以家庭为单元的,客人的到来,叙旧谈心,当然喜悦。但是,留宿奉饭,一下子改变了主人的生活空间和生活规律,短期问题不大,愉悦胜过不便;时间一长,不便便难免盖过欢欣,颇生烦躁。客不走,主不安,主人应具豁达之胸怀,作为主动方的客人更应有自知之明,不可久留。关系微妙,小事还需慎处。如果处理不好,会弄得双方不愉快。

这首五言二十个字的诗将客人的这种抱歉和感谢的心理描写得惟妙惟肖,前两句说已来作客多日,免不了要给主人增添不少麻烦,非常不好意思。

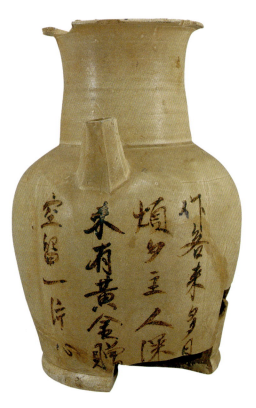

文字壶

高 23.5 厘米　口径 10.5 厘米

后两句是说我无力用金钱来回报你的盛情，只是将感谢的心情永远留了下来。

瓷壶的造型加上文字的装饰很美，文字本身更美，流畅的行书，匀称的布局，不亚于文人精心制作的清玩。

另有一首诗歌写道：

三伏不曾摇扇，时看涧下树阴。

脱帽露顶折（拆）腹，时来清风醒心。

有后人评唐朝诗人王维的诗画是诗中有画，画中有诗。这首唐朝的民间小诗岂不也是诗中有画？你看在烈日当头，酷暑难当的三伏暑天，来到这浓密绿阴的大树下，旁边有山涧的清泉潺潺流淌，解衣脱帽，露出光顶，折腹盘坐，顿时酷热全消，不时还有清风徐来，凉爽醒心，令人心旷神怡，用扇已显得多余，好一幅山林消夏图就在我们面前展现。

这是一首六言诗，虽然称不上最上乘之作；但确实意境悠远、想象丰富、形象生动，不失为民间的好诗。唐代秀丽的山水，唐人消夏的悠闲，定格在这只瓷壶上，定格在这几行诗中，仿佛奉献给今人一张动人的照片。

诗歌风靡唐土，诗圣诗仙领唱，草民百姓相和，唐代的中国，分明是一个诗的国度。在青色的釉面上，用酱釉书写的这四行文字，民间艺人的书法和他的诗歌一样也是美妙的。

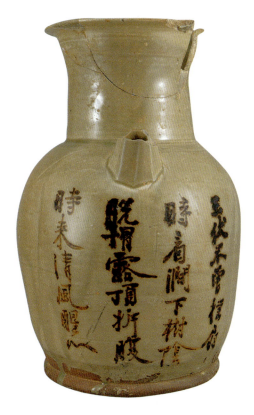

文字壶

高22.5厘米　口径10.5厘米

鸿雁传书

现代通讯技术的发展之快速，简直令人瞠目结舌。电报电话还没有玩够，手机短信就铺天盖地而来；邮政快递尚在提速，电传Email又全球叫响。瞬息之间，听音见人看字全来。纵然相隔千山万水，犹如咫尺之间，真是海内存知己，天涯若"眼前"。相处两地的亲人、朋友、同事除了不能一起吃饭，睡觉，活动，随时可见人影，可听心声，可表心迹。特别是异处的知音知己少了许多感情上的遗憾，同时也少了许多许多的期待，世界也少了许多许多的生离死别的动人故事。

君不见，"烽火连三月，家书抵万金。"

君不见，"我居北海君南海，寄雁传书谢不能。"

君不见，"云中谁寄锦书来？雁字回时，月满西楼。"

通讯落后的古代社会，演绎了多少离别的相思和情愁，闪现了多少获得家书的欢娱和安心，传唱了多少鸿雁传书的希望和期待。

近见一唐长沙窑的瓷壶，壶上书有诗一首：

造得家书经两月，

无人为我送将归。

敬凭鸿雁寄将去，

雪重天寒雁不飞。

（原文第二句尾为"归将"，因有倒转提示，应是"将归"。）

字体娟细清秀，清晰可辨，温文尔雅，也堪称是一幅颇具神韵的唐代小字书法作品。

全诗说的是一个远离家乡的游子，思念亲人，倾心倾情地写好了一封家书，但等了两个月，还是没有机会托人将此信带回，只有侧身遥望天边，想托高飞的鸿雁将这封家书寄去，不料又遇上连天的大雪，天寒地冻，鸿雁欲飞不能，一点希望也没有了，失望、无奈，此情此景，不由得使人顿生怜悯同情之心。

细品此诗，很自然联想起20世纪50年代传遍大江南北的一首歌——《草原之夜》，歌中唱道："想给远方的姑娘写封信，可惜没有邮递员来传情……"此歌与彼诗，有异曲同工之妙，相距一千年，人们的感情依然息息相通。

如若现在，一个电话，一个短信息，如果信文太长，充其量一个Email，什么问题都解决了，何来如此多的困惑和忧愁，又何来如此绵绵不断的情丝。

古代的人们，尽管没有先进的通讯工具，却不乏无限的想象力，展翅高飞的鸿雁能以很快的速度跨过千山万水，能穿越时空，充当一个信使是再理想不过的了。但这只是人们的一个想象、一个愿望罢了。自然界的大雁是不可能完全按照人们的意志来传情送信的，"雁足系书"只不过是汉使为解救苏武用来欺骗匈奴单于的一个计谋罢了。自此，这个典故却用得一发而不可收拾，究其原因是通信困难给古代的人们带来了许多的不便和太多的感情折磨，"鸿雁传书"正好满足了人们的心愿，是一个感情的寄托，是一个浪漫的理想。前二首诗句和长沙窑瓷壶上的这首诗都不约而同地请来了鸿雁这个艺术的形象，说明艺术也是相通的。

长沙窑的这首诗显然也是民间传唱的小诗，但也可能是民间文人的佚名作品。虽名不见经传，但诗意、诗境不能说不高。写信用"造得"，以及"将归"、"欹凭"、"雪重"等等的修辞，将游子的焦急地等待、期盼与失望的感情表露无遗，又兼具有文采，堪称是一首差点被人们遗忘的好诗。在长沙窑的诗文中也是第一次发表。

文字壶
残高20厘米　底径12.2厘米

千古绝唱

战争是人类的灾难，是对文明的反动，是侵略者的罪恶。战争的惨烈和破坏，是对人类的浩劫。人们祈祷和平，反对战争，可是，战争却不以人们的意志而转移，不时地降临到人们的头上。战争带来的是流血、是死亡、是了无尽头的黑暗。战争的机器将家庭、幸福、美梦、理想碾得粉碎。含情脉脉，秋水伊人，小桥流水，人类一切美好的东西在战争的魔鬼面前顷刻间变得飞灰烟灭。战争扭曲人们的灵魂，使善良者变得凶残，使美丽者变得丑陋，使高贵者变得卑劣。而战争的真正弱者，女人、孩子、平民百姓在战火中颠沛流离，经历着无尽的苦难，请听他们发出的悲惨呼号：

当日寇的铁蹄踏遍东北的白山黑水时，战乱中的东北同胞整天价在关内流浪，诉说着家乡有我的同胞，还有衰老的爹娘，呼号何日才能回到可爱的家乡？

一个女人在黄河边发出愤怒和悲怨，自从鬼子来，百姓遭了殃。奸淫烧杀，一片凄凉。扶老携幼，四处逃亡。丢掉了爹娘，回不了家乡，妻离子散，天各一方……

这是近代史上侵略战争带给中国人民的深重灾难。追溯几千年的中国历史，爆发过无数的各种各样的战争，每一次战争都给成千上万的人们以痛苦，以忧愁，以灾难，即使在鼎盛的唐朝也不例外。

一把唐长沙窑的瓷壶上书有一首诗，正是记载着一段历史：

离国离家整日愁，一朝白尽少年头。

为转亲故知何处，南海南边第一州。

既离家又离"国"，当然就不是一般意义上的平常离别，只能是因战乱弃家而逃。繁荣富强的唐朝也是战事连绵，大的战争，先有"安史之乱"，后有黄巢起义。一个"安史之乱"就在北方的土地上拼打厮杀，整整持续了八年，千万百姓为躲避战火，举家南迁，此诗的作者或许就是其中之一吧。作者应是一位年轻人，还应该是一位生活在离"国"较近的家庭里的年轻人。战争将他全家赶出了家园，恬静的家庭，无忧无虑的生活，对他已不复存在。兵荒马乱之中，又与父母家人失散，一下子将这位涉世不深的年轻人推到了无依无靠的万丈深渊。愁啊愁，一夜愁白了少年头，为寻找父母亲人，走遍全国，一直寻到南

文字壶

高17.5厘米　口径8厘米

海边，寻到天涯海角，亲人啊，你们在何方？朋友，读到这里，你能不为这位年轻人潸然泪下吗？不诅咒这无情的战争吗？也许战争的风暴转瞬将成为过去，也许这位青年一夜之间成熟起来，长大成人，开始新的生活，可是，战争造成的心灵创伤，对亲人的无穷思念，将陪伴他的终生。

此诗开头连续两个"离"字，引出了"整日愁"的原因，而"离国"则道出了整日愁的性质，既忧家又忧国，忧愁的境地拔高，忧愁的分量加重。这种忧国忧家的愁绪谁也无法解脱和自拔，才有了"一朝白尽少年头"的妙句。宋时岳飞写有"莫等闲白了少年头，空悲切。"使人荡气回肠，本诗的"一朝白尽少年头"，难道就不令人激荡澎湃？诗歌到此未休，年轻的主人公为寻找失散的亲人，痴心不改，锲而不舍，一句"南海南边第一州"将这种寻觅亲人的迫切心情推到了顶峰。诗人不仅忧愁，更加绝望，情之所染，使人不禁伤心而泪洒满襟，真乃千古绝唱也。而"南海南边第一州"与唐代大诗人岑参所写"行到安西更向西"之句有异曲同工之妙，两者相映成辉。以"南海南边第一州"之句作为全诗收尾，更是意境深远，回味无穷。诗文感情激昂，波澜起伏，扣人心弦，真是一首难得的好诗。没有题头，也不知作者姓名，不过是一首普通的民间诗作，但记载了一段历史，足以与类似的唐诗名篇相媲美。

诗歌以行楷的文字，用嫩绿的色釉书写在青釉的瓷壶上，经过岁月的侵蚀，青釉已经完全剥落，显露出几近白色的胎体，而绿釉的文字却保存完好。纵观长沙窑瓷器上的诗文，通常是褐色的，鲜见用绿釉书写，因而这件瓷器犹为可贵。试想如果原来的崭新瓷壶再现，通亮的青釉瓷壶上，几行油绿的文字，犹如春天大地上的一片绿草，生机盎然，是何等美感！又如攻克柏林时，断垣残壁中尚存的一株鲜艳的红玫瑰，点燃起人们对战后重建新生活的希望。

军旅诗文壶

长城作为我国古代最为浩大的一项国防工程名闻天下，它映入人们眼帘的是绵延数千里的铜墙铁壁，工程之巨大，技术之复杂，施工之艰难，让世人叹为观止，成为中华文明的最为宝贵的物质遗产。其中昭示的中国人民抗御外敌入侵的决心更是作为一种精神遗产，让国人振奋，让敌人胆寒。可是，当我们为伟大长城而骄傲时，你能想到守边战士的艰辛和痛苦吗？

最近在长沙窑的一把瓷壶上发现了一首诗：

夜夜携长剑，

朝朝望戍楼。

可怜孤夜月，

偏照客心愁。

该诗显然是一首唐朝的边防军旅诗。夜夜携长剑，枕戈待旦，朝朝望戍（岗）楼，聚精会神，表现的是兵临国门，战士们毫不松懈的高度临战观念，描写的是规范严格的军事训练养成的战斗作风和风纪风范，归结是一种严整的军营生活。军营的紧张自不待言，除此之外就是视觉、听觉、感觉上的简单重复，天天如此，日日照旧，单调乏味，无聊无奈，何况是在一个基本与世隔绝的边关呢？诸位一定到过嘉峪关，作为明长城西起的第一关，矗立于大漠之上，雄伟壮观，气势恢弘。旅游至此，大漠边关，蓝天白云，异景异域，探幽访古，自是别有一番风味。殊不知，头上见蓝天，周围是沙漠，形同孤岛，若长年厮守于此，不知谁能奈得寂寞。可是，当年的边关战士，就是离妻别子，长期在此守卫，年复一年，甚至了此一生，真是可敬可钦，当然也倍加可怜。这样就有了"可怜孤夜月，偏照客心愁。""可怜"二字将孤独的人儿推到了我们面前，荒漠静夜，冷月孤人，月光照在

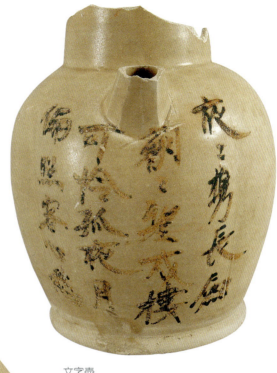

文字壶

残高13.8厘米 底径9.2厘米

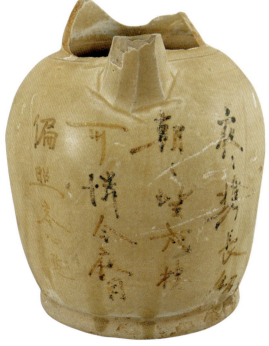

文字壶

残高13.8厘米 底径9.3厘米

身上，穿透的是人的心里，撩起的是人的愁思。遥远的家乡是乡愁，白发的父母是亲愁，温馨的妻儿是情愁。本来由于抑制而麻木了的情感，因明月而情感复萌，一个"偏"字，将"月"、"夜"、"客"、"心"连成一气，拨动的是"孤"、"愁"的神经，主人公因克己苦而自怜，旁观者只能同情而生怜悯。一首普通的民间小诗，将古代边境的军情紧骤，边关战士日常的军旅生活生动地展现出来，在歌颂战士为国奉献的同时，更将英勇杀敌的战士远离家乡亲人的痛楚表现得十分细腻和充满人性。意境悠远，想象丰富，仿佛是从寂静荒漠夜空中飘来的一缕清音，哀怨而悠扬，此诗实为一篇不可多得的军旅佳作。

写有诗文的这件瓷壶是一个略显黄色的青瓷壶，字是用软笔书写的，字体是行书体，呈褐色。字迹颇为清晰，短流之下的诗文布局规范，书写飘逸，典型的民间书法。无独有偶，另有一把瓷壶，其大小、颜色、形状几乎一致，短流之下也书有一首内容完全相同的诗，只是将"孤"字改成"今"字，于诗意却无大碍。字是用硬笔书写的，工整流畅，细看笔迹，似应同一人所书。如此相同的一对瓷壶同时出现，用笔则一软一硬，也可算是长沙窑发现中一件饶有情趣，足以挂齿的佳事。

《全唐诗》收集了大量的唐朝军旅诗作，却遗漏了此诗,岂不遗憾？感谢长沙窑，感谢长沙窑的窑工，使这首诗得以用文字现世于今天，当然更要感谢这位唐朝佚名的诗作者，献给我们一首美丽而伤感的歌。

"贴花"的启示及其他

如果说绘画是平面的艺术，那么，雕塑就是立体的艺术，而贴花是介于两者之间的艺术。如果说釉下彩的发明是长沙窑对陶瓷工艺的最大贡献之一，那么长沙窑的贡献之二就非贴花莫属了。贴花以其独特的艺术魅力吸引着世人的眼光，打破了过去陶瓷单调的平面装饰形态，创造了立体装饰的表现形式，扩展了视觉的三维空间，而使人耳目一新。

请看，一只普通的青瓷壶，加上了"莲生贵子"的贴花，一下子将人们眼光吸引过去，极大地丰富了文化的内涵，犹如画龙点睛之笔。再看也是一把青瓷执壶，三面贴花，贴花处蘸施酱釉，细致入微的雕刻，被酱釉强化了的线条黑白对比度，葡萄串立体感的饱满，使瓷壶陡然生辉，强烈地冲击人们的视觉，似浮雕增加了一点历史的凝重感，似金属模压成型平添了几分现代气息，这就是长沙窑贴花创造的无比美妙的艺术效果。而贴花的图案也是多姿多态，包罗万象；威猛的狮子，古朴的武士，展翅的蝴蝶，结莲的荷花……无一不给人们带来美的享受。

贴花的工艺是这样完成的：在大小适中的用瓷土做的泥块上精雕细刻成所需的图案，然后在窑中高温烧结，就成了一副硬度较高且较结实的模具（也有直接在软石上雕刻成模具的）。将泥片在模具上按压成凸起的图案，再将这块泥片粘贴到有关瓷

壶
高18.5厘米　口径9.6厘米

贴花壶
高22.5厘米　口径11.6厘米

贴花壶
高20.7厘米　口径10厘米

贴花壶
高31.8厘米　口径10.8厘米

件的胎体的适当部位，以后按常规的工艺进行施釉和烧结，就成了一件带有贴花的瓷器。

贴花工艺实现的关键是要有一副优良的模具，而模具的成功使用使人们得以省却了在每件瓷器上雕镂花纹的繁复劳动，而且使图案基本上保持了一致，并可重复和大量的生产，因而大大提高了生产的效率。且不说贴花的艺术效应，单凭这种能规模化生产的制造工艺在一千年以前的时代已是十分先进的了，古代的这么先进的工艺难道不给我们现代人以许多的启迪和感叹！

人们在改造世界和改善生活的历史过程中，从事了大量的生产活动，而为了生产更多的产品和物资，就必然要提高生产的效率，因而不断地发明和创造了许多的先进的工具和工艺。用锄头挖地，用犁头犁田，用木机纺纱织布……在古代都是手工的个体制作，只有现代才有大规模的工业化生产，而利用模具制作贴花，尽管当时还是用手工完成，但毕竟开了机械般批量生产同一型号、同一规格，同一尺寸产品之先河，因而可以看做是工业化生产的一次尝试和萌芽。

印刷术是我国古代科学技术四大发明之一，但那是在平面上多次重现文字和图案的技术。在模具上制作贴花的技术，难道不可以认为是一种立体的印刷术？

是什么原因使这种贴花工艺仅仅成为工业化生产的一个萌芽而没有成为一个序幕或前奏，使中国

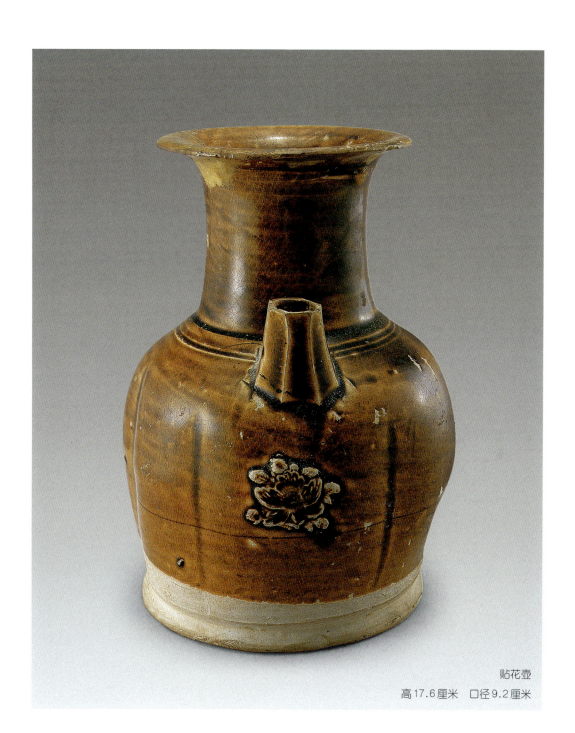

贴花壶

高17.6厘米 口径9.2厘米

解读长沙窑

贴花狮

一举进入工业化时代呢？首先，像贴花这种批量生产同一产品的工艺都是利用手工来完成的。我们知道，人的大脑的思维是无限的，而人的体力的能量却是极有限的。尽管人们也借助风力来行船，借助水力来提水，但利用的还只是一部分自然力（能量），更没有将这些自然能量用于产品的批量生产。因此可以说，人们还不知道利用人体与自然以外的能量，更不知道利用所谓的"人造"能量来进行工业化生产。西方的洋人在经历了伟大的文艺复兴运动之后，捷足先登，发明了蒸汽机，实现了工业革命，以后又发明了电、电动机等等，现代的工业化时代才真正到来。

为什么是西方人而不是中国人发明了蒸汽机，其原因可能是千条万条，而在这千条万条的理由中也是仁者见仁，智者见智，而且可能还会永远地不停地讨论下去。但不管怎样，创造了贴花工艺的长沙窑的先民的超凡思维在现代人的"思维网络"中肯定能够占有其特殊的位置，并随时会带给我们以启迪和激励。

印模
厚度2厘米　长10.5厘米　宽8厘米

印模
厚2.4厘米　直径6.5厘米

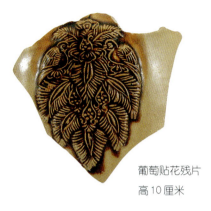

葡萄贴花残片
高10厘米

贴花残片
高7.5厘米

贴花残片
高11.5厘米

贴花残片
高4.8厘米

壶
高21.2厘米　口径6厘米

力量之原

　　前不久，在朋友那里看到一尊长沙窑的瓷塑像，当时，我简直惊呆了。笔者对艺术，特别是对雕塑艺术只是凭着感觉去欣赏，尽管水平不高，但只要有机会还是很愿意对着那些艺术雕塑静静观赏一番，总想从中感悟到一点什么。因此，我曾在巴黎的街头，不放过所能见到的每一座雕塑，在罗浮宫，为忧、愁、哀、伤的一组铜雕流连忘返，更因亲眼见到真正的维纳斯庆幸不已，为欧洲雕塑艺术的现实和精细而赞叹。我也曾在秦兵马俑的方阵前感到自己的渺小，在龙门石窟和敦煌石窟对那些石雕泥塑远观近看，为中国雕塑艺术的神秘博大而骄傲。

　　面对如图这尊酱釉发亮的塑像，尽管塑像高不过15厘米，却感到一股强烈的冲击，一股巨浪般力量的涌流。直射入目的原始的野性和兽性，我误以为是猩猩了，经朋友提示下体尚有一小抹遮羞的布巾时，才真正看清楚了一个顶天立地、气壮山河的男子汉。

　　米罗的维纳斯，秦陵的兵马俑，它们都是公元前二百年左右的作品，基本上是同时代的产物，尽管一个在西方，一个在东方。也许是孤陋寡闻，或许是看问题过于偏颇，我以为，半裸维纳斯的健美体魄自不在话下，武士俑的服装也掩盖不了其昂扬挺拔的身躯，即使许多的现代和古代的裸体的运动雕塑，或拉弓，或奔跑，在展示他们优美动姿的同时，特别要通过恰到好处的肌肉突显来展示力度，但往往总要给观众献上一个健康英武的身躯，因为在雕塑家的大脑中都影存着一个标准身材的模特。而所有这些雕塑的面部处理都是细致入微的，除了动人的面孔外，当然还有体现雕塑内容的丰富表情。雕塑家在追求艺术的完美，一切都可以理解。

　　我们面前的这尊瓷塑，没有匀称的身段，更没有漂亮的面孔，但

人物雕塑
高15厘米

却投给我们惊人的美的视觉冲击。

　　说它美，首先是力度的美，一个无比壮实的男性，头顶一个沉重的铜鼎，本来就非常发达的臂肌、胸肌、背肌、腹肌在沉重的压力下突显的刚性，硬度，张力，以及硕壮的大腿，使你感到一种刀枪不入，坚不可摧的非凡气势，一种战无不胜，攻无不克的巨大力量。

这种力量是在运动中展现的，一条腿跪着，一条腿蹲着，鼎还处于半空中，举重者仿佛一声大吼，就要向鼎的终极位置冲刺，在这冲刺的一刹那，力量达到极限，腹部肌肉的收缩，臂背、胸部、腿部肌肉的紧张也达到了人体的极限，就在这么一瞬间，是0.1秒，亦或是0.01秒，脸部在变形，骨骼在扭曲，双眼在圆睁，力量在爆发。艺术家用高超的手法将雕塑定格在这极短的一瞬间，加之两手为了平衡铜鼎重心而紧握的姿态，都给人一种强烈的动感的美。

又是一种原始的美，几近全裸的身躯本来就是原始的，举重者显然是一位职业运动员，长期的残酷的职业训练，使身材发生了畸变，大脑思维已显得多余，徒然剩下一个肌肉发达，骨骼健壮，力量无比，虎背熊腰式的躯体，在主人的驱使下，漠然面对观众，进行各种力的表演。事情的本身谈不上美，甚至十分悲凉。但这种几近半动物的表演，的确也表现了人性的另一面——原始的动物性，抑或野性；人性的这一面有时也是美的，不然，拳王阿里，日本相扑怎么还能赢得如此多的观众？这尊雕塑正好艺术地表现了这种野性的美感。还有利用原始大地的泥土，用纯粹的手工捏制，酱釉代替人的皮肤，一切都简单，原始，甚至幼稚，但却收到意外的，极好的艺术效果。望着这座千年的瓷雕，一股原始的、古老的、神秘的气息扑面而来。

当今时代已经是一个现代化的信息时代，现代文明已将人的力量发挥到极致。力量早已不是一个简单的概念，知识（就）是力量，智慧是力量，团结（就）是力量……可是，当我们对"力量"二字追根寻源时，这座一千年前雕塑的艺术形象不正是我们要寻找的力量之原吗？

名不见经传，作者也无从寻觅。这就是唐朝的"维纳斯"，这就是唐朝的"兵马俑"。为了这件伟大的瓷塑，为了它的艺术永恒，让我们一起向长沙窑的这位无名艺术家致敬吧！

手

精巧的构思由设计师的手绘成复杂的蓝图，生活的体验由作家的手写成扣人心弦的小说，大自然的美通过画家的手留驻在绘画中，手是人体智慧的延续。

拳王阿里重拳出击雷霆万钧，鲁智深倒拔垂柳力大无比，武松空手打虎英雄盖世，手是人体力量的延续。

将矿石炼成钢铁，将钢铁制成汽车、飞机、轮船，汽车奔驰在大地，飞机翱翔于天空，轮船畅游在大海，人的力量与智慧在手中交集并延续。

因为有了手，人们将春天的种子播撒在田野上，才有了辛勤的耕耘，金秋的收获。

因为有了手，万丈高楼平地而起，原野变为城市，无数民居小院为千万个家庭筑起了暖巢，人们不再像寒号鸟一样地悲哀发愁。

因为有了手，无数双黄道婆的手，人类才抛弃了护身的树皮兽毛，锦衣华服，不仅仅保暖遮羞，更将人们装扮得多姿多彩，靓丽生辉。

因为有了手，崎岖变坦途，先进的交通工具拉近了交往的时空，人们不再嗟叹万古的蜀道难，也不会再有愚公移山的艰辛和困惑。

一双玉手犹抱琵琶半遮面，流淌着大珠小珠落玉盘的天籁之音，灵巧的双手抚弄着遥远的古筝，我们听到了秋江上的"渔舟唱晚"，激昂的手

手
高4.2厘米　长11厘米　宽7厘米

点击着钢琴的键盘，母亲黄河发出了悲愤和哀怨，世间由此有了美妙的音乐。

母亲的手，是抚摩孩子的手，女儿的手，是搀扶老父的手，情人手牵手，碰撞出爱情的火花，朋友手握手，交流着彼此的诚信，没有手，似乎没有完整的爱情与友情。

科学与艺术是一对孪生的姐妹，都是大脑思维的高级产物，表达的方式却有不同。全身瘫痪，仅剩左手三指稍能动弹的霍金能够发现黑洞理论，能够成为继爱因斯坦之后最杰出的理论物理学家。可是不能设想，如果肖邦、达·芬奇没有手，他们如何能将伟大的艺术奉献给人类。

劳动促使了手脚的分工，而手脚的分工又促进了人类的进化，才有了现代的人类。可以说手为人类所特有。

作为生物的手、肉体的手，随着人的生命的结束而消失了。人们为了永远记住这只手，在伟大的匈牙利音乐家肖邦临终前，将他的左手制成了印模，以后极少的杰出音乐家因得到这只手的模型而感到无尚荣光。人们为了记住这些手，更创造了许多手的艺术雕塑（木质的、石质的、陶瓷的）。

一千年前的唐长沙窑也给我们留下了一只手，它是一个人体坐姿的雕塑，可惜整个雕塑不复存在，仅仅剩下一只放在膝盖上的右手。根据残件的尺寸推算，此雕塑的高度应在50厘米左右，对于长沙窑来说，就是一个很大的瓷件了，如果完整保留，无疑是一件惊世的唐代艺术品。因为仅剩的这只手是这样的优美，纤纤细长的手指，匀称的指骨，优雅曲线的指端和指甲，薄厚适度的手掌，尽管未上釉却愈发显得细腻的皮肤，稳稳贴放在膝盖上的姿态，都使人感到这是一只平静的手、安详的手，一只智慧的手，一只充满神韵的手。见手及人，不难想象，具有这只手的主人公不是一具慈祥的佛像就是一位文人雅士，肯定是一只高尚的手。望着这只手，不由得使人凝神、屏气、静思，杂念全无，邪意俱灭，这也许是佛的神力，应该也是长沙窑的艺术魅力。

作为手的文字符号的"手"字，在中国的语言词汇中，逐步赋予了更为丰富的意义，俨然成了一些特定人士的代名词，如高手、里手、旗手、水手……当然也有不中听的扒手、凶手之类。更有巨人的手，扭转乾坤的手，伟大领袖挥挥手，全国山河一片红，总设计师用手画了一个圈，改革开放的春潮滚滚来。还有马纳多拉的"上帝之手"，使阿根廷在世界杯足球比赛中冠军轻易到手。

神话独角兽

独角兽在自然界中本不存在，但独角兽的故事和传说则无论在东方还是在西方都广为流传，并且经久不衰，形成一种东西方共有的文化。尽管内涵有所不同，但都将它尊为神兽，这种殊途同归的文化现象在世界文明史中不说绝无仅有，也是极为罕见的。

在中国，独角兽也称獬豸，是上古传说中的一种神兽，似羊非羊，似鹿非鹿，头上长着一只角。它能辨曲直，明善恶，识忠奸，而且爱憎分明，惩恶扬善，疾恶如仇，因而是公平正义的象征、法律的象征，也被认为是驱害辟邪的吉祥瑞物。

另有一种民间说法，或许是事物的另一面，独角兽即"年"，是一种"四不像"的怪兽，每年到过年时来到人间，人们为了防备它，在除夕夜都要燃放鞭炮予以驱赶。

在西方的传说中，独角兽是个优美的动物，是匹雪白的小马，头部长有一只角，这只锐利的角有着奇异的魔力，用角磨成的粉末可治百病，可攻百毒，成为富族豪贵竞相获取的宝物。它又是个对人类十分友好的动物，单纯善良的独角兽只允许纯洁的少女接近，也往往因此陷入可怕的圈套。当然，它高贵美丽，神出鬼没，疾速如风，没有人能战胜它。

这样，勇往直前、温柔优雅、善良正直、牺牲

独角兽
残高6.5厘米

奉献、宽大坦诚、浪漫多情、纯洁无瑕、活力无限等等人世间一切美好的品德都集中在这个独角兽的身上，成了世界美好的化身。

这是一个何等美妙的神物，几千年来，人们用语言传诵它，用文字歌颂它，用色彩描绘它，用各种材料雕塑它，为的就是它的永恒，为的就是人类追求真善美那一份永远不灭的渴望。

沿着东西方两条不同的历史脉络，伴随着两个不同族群的生活道路，铺垫于两个不同的文明之上，共同产生一个相同理想的图腾和神物——独角兽。原因何在呢？笔者突发奇想，原因纵有千条万条，总是离不开人性，独角兽究竟为何物？余以为，如果说"白马王子"是少女心中的偶像，那么，"独角兽"就是女人心目中的男人，是理性和感性中的男人。

我们眼前看到的是一个陶瓷的独角兽，它来自一千年前的长沙窑，由于岁月的流逝，只剩下头部的残件。这是一个像马的独角兽，显然出自一位高超的雕刻家之手，刚毅的线条，肌肉感的面部，昂扬的嘴唇，温柔明亮的眼睛，机敏的耳朵，勇往直前的独角，将人们对独角兽无限美好的想象定格在这个陶瓷体上，历尽千年远古的沧桑，安详、神秘、久远。

望着这个弥久的独角兽瓷器，我们不得不陷入沉思中，西方想象中的似马一样的独角神物，由中国人用泥土烧制而成了东方的图腾，这是一个奇特的文化现象，原因却很简单，中外人士在此交流，中外文化在此碰撞、交会、融合。可见，长沙窑这块古老的土地，得天独厚，就像独角兽一样，神奇、伟大而美丽！

盘龙

解读长沙窑

龙贴花壶
高18.3厘米　口径6.8厘米

水滴
高7.8厘米　底径3.8厘米

据民间传说，七千年前的甘肃天水一带，伏羲和女娲生生繁衍了中华的子孙，并创造了龙的图腾，伏羲帝还自称为"龙师"。这样，中华的子子孙孙，一代又一代，都成了龙的传人。这段历史可能谁也无法考证清楚，但是每一个中华子孙谁也不怀疑自己就是伏羲的后代、龙的传人，而且以此为莫大的骄傲。即使现在，作为中华的图腾——龙的形象仍然时时出现在我们的面前，蕴涵在我们的文化中，深印在我们的脑海里。

龙究竟为何物，龙又是如何产生的？对此众说纷纭，不一而足。现代的DNA研究表明，五十万年前，人类的基因和猩猩的基因基本相同，以后分道扬镳，人类的基因却相对发生了很多和快速的变化，所以人类的进化至少经历了五十万年的漫长时期。在这个时期，人类和其他生物一样在恶劣的自然环境中经受着优胜劣汰的残酷竞争。随着不断地进化，人类学会了制造简单的工具，学会了用火、取火，人类才真正摆脱了愚昧，懂得了思维。为了生存，人们在与大自然的抗争中，有感于自身力量的渺小，同时也看到自然界存在许多巨大的力量和其他生物所具有的一些特殊本领。翻滚的乌云，可怕的雷电，奔流的大河，咆哮的大海，当然还有疾奔的马、鹿，高飞的鹰、鸟，畅游的鱼、鳄，凶猛的老虎，随意的蟒蛇等等，都

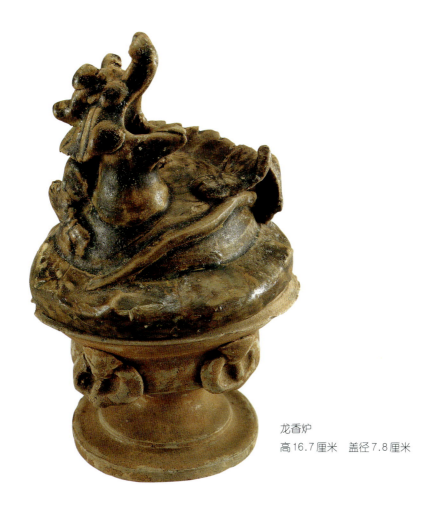

龙香炉
高16.7厘米 盖径7.8厘米

有着人类没有却希望自身能具备的力量和特点。结团群居体现了人类
与大自然斗争中的优势，"和"、"合"成了人类的原始体验和初步概
念，对以上各种自然形象、特点、力量的和合，就构成了龙的图式。
智力超群的伏羲帝功拔一筹，加以明确化，由于这种形象符合了人们
的理想和心愿，体现了人们的精神和追求，随着后人的推崇逐步成了
中华的一个象征符号，中华民族的图腾。

　　龙集众多动物于一身，尽管自然界不存在这样的动物，人们还是
很愿意接受它为动物界的一员，古老的十二星宿中，唯有龙不是真实

的动物。但是，大自然中毕竟没有这样的龙。龙对于中华民族而言，不仅仅是一个"动物"，也不仅仅是一个符号，一个图腾，最主要是一种精神的象征，这种精神的核心，就是大与活，合与威，至与上，就是多元并蓄万众一心，就是威力无比不可战胜。正是这种精神，体现了中华民族的凝聚力、生命力，使得中华民族得以繁衍、生存、发展开来。对龙的形象之描绘，对龙的精神之诠释，对龙的崇拜、想象及其衍申就形成了一种中华所特有的龙文化。这种文化既有皇权文化的表达，也有民俗文化的丰富多彩，既有文人墨客的寄情抒怀，也有百姓商贾的顶礼膜拜。

大概到了宋朝，皇帝为了巩固自己的统治，在自封为真命天子的同时，更将自己说成龙的化身，出现了所谓的黄龙。从此，龙便成了皇室的专利。并将龙的描画下达了官方的规定，如角似鹿、项似蛇、爪似鹰、鳞似鱼、掌似虎……这个标准的形象一直延续至今。

其实在宋之前的唐朝，凭借着强盛的国力和繁荣的经济，也没有如宋代那么多的清规戒律，龙文化真正呈现出一个群龙竞发的鼎盛局面，长沙窑从一个侧面印证了此事。作为一个民间窑，一个面向市场、面向民众的窑口，自然不会将民众的喜好置身事外，在长沙窑众多的瓷器中的确大量出现龙的形象。在模印贴花的瓷壶上有飞龙的贴花，形象完整生动。在一些提梁的壶和注子中，巧妙地将龙的艺术性和瓷器的实用性结合到一起，如将流嘴即壶口做成龙的口，其上塑制龙头，将提手的梁加以修饰成为龙身，再在壶上堆塑龙爪和龙尾，一条完整的龙就成功了。在长沙窑中，也有取龙的一部分，如用龙头或龙尾作为瓷件的装饰，或将龙做成比较抽象的图案用做装饰。当然，亦有较大且完全的龙的雕塑，如将碾槽整个地做成一条龙的模样。请看一个香炉的上盖，就是一条蟠龙的造型，龙头、龙身、龙尾，完整无缺，浅酱色釉面，增添了龙的光彩，也使龙的角、鳞、尾愈显突出。龙整个地卷伏着，唯有龙头高高扬起，龙口直冲朝上，同时也是香炉的出烟口，香烟喷薄而出，犹如腾龙驾雾，意境无限，趣味无穷。

　　观察这些唐代的龙的形象，不难发现和现今流行的龙没有什么差异。与其说现代龙的样式是宋朝官方关于龙的定式所及，不如说宋朝的定式正是源于唐朝龙造型的成熟完美。唐朝的"龙"是人民群众创造出来的，人民群众才是真正的"龙"。

龙形系
高7.8厘米　宽6.8厘米

龙提梁壶
高20.5厘米　底径11.2厘米

河东狮吼

男人多花心，女人特担心，女人管住男人花心的办法，无非是两条，一是以柔克刚，一是以刚制刚，如果两条都失效，这个家庭就可能面临危机。前者是一个缓慢的过程，如果女人大度，男人明理，终归和好如初。后者往往也奏效，但非一般女人所能为，时时对男人凶神恶煞，不使其越雷池半步，否则以死相威胁，这样才有了蛮女的故事，也才有了怕老婆的笑话。宋朝有位男士叫陈慥，其妻柳氏就是这样一个蛮女，时时对这位陈先生恶语相加，不给面子。苏东坡是陈慥的朋友，着实看不过去，借用杜甫"河东女儿身姓柳"的诗句，写了一首诗云："忽闻河东狮子吼，拄杖落手心茫然。"将柳氏比做怒吼的狮子。从此，"河东狮吼"成了悍妻的代名词，同时也成了"怕老婆"的解说词。

毕竟将女人比做狮子，似乎显得有些过头。据说当年东坡先生因不忍相看柳氏欺侮老公与该女子有语言交锋而不快，愠怒之下诙谐几句也情有可原。但是他的前提是必须有怒吼的狮子形象作为思维的基础，须知中国的土地上原本是没有狮子这个动物的。

的确，狮子主要产于非洲，只是随着佛教的传入，狮子及狮子形象才逐步传入中国，即使现在也只能在动物园才能看到活的狮子。但是，狮子一旦进入中国，就受到了中国人的青睐和崇拜。狮子特

狮镇纸
高7.5厘米　宽5厘米

座狮

高19厘米　底径11.2厘米

白狮头
高4.5厘米 长7厘米

别是雄狮个体庞大，满头金发，面圆口阔，威武而充满美感，加之不产于本土，未闻吃人伤人之说，其凶残的一面反而被人淡忘模糊。老虎则不然，老虎高大威猛，毛发尤美，比之狮子毫不逊色，却是土生土长之物，经常流窜于本国的原野上，时不时有吃人的噩耗传来，人们谈虎色变。愈远的神灵愈好拜，这样，作为一种精神形象，外来的狮子反而超越本地的老虎更多地出现在人们的生活中。狮子或者以守门神的姿态出现，取的是威武雄壮的一面，或者出现在杂耍、玩具和一些有趣的装饰中，取的是可爱、美丽的一面。这类狮子现今依然屡见不鲜，原来自古就有之，证明是一千年前的唐代长沙窑就塑造的许多狮子瓷件，形象大致都是如此。

一只长沙窑的坐狮，强壮而威猛，发达的胸肌充满了力量，四肢傲然挺立，岿然不动，高扬的头，披满了蓬厚的卷发和胡须，俨然一位美髯公，两眼圆睁，"虎"视眈眈，张着血盆大口，仿佛不停发出地动山摇的怒吼。全身施以绿釉，胸前一小环，显然准备挽结彩球之用，平添了许多的吉祥气氛。莲花形的底座，又罩上了一层佛教的神秘色彩，一个典型的守门神——坐狮的形象。

一只磨墨用的水注，也塑成狮子的样子，只是完全没有了威严之气概，体形仍很饱满，满脸露着微笑，尾毛因欢快地跑动随风扬起，巧借张开的嘴巴用做注水的出口，彩釉条纹装饰着青釉的表面，整个就是一头可爱的小狮子。还有作为镇纸用的狮子，作为枕头用的狮子，等等，不一而足。但总少不了披发美须，圆眼阔嘴，蒜头大鼻，嘴常张开，少时紧闭。

唐时的狮子是这样，宋朝也应该如此，东坡先生耳濡目染，自然对狮子之吼状印象深刻。人们将狮子塑成这样的姿态主要是用来吓唬人的，就如同借助钟馗打鬼，无论是石狮还是瓷狮，样子再吓人也是吃不了人的。其实那位柳氏对老公横蛮凶狠，大多数也只是停留在口头上，犹如狮子吼，目的仅仅是吓唬吓唬而已，心中实实在在是爱着老公的，这样，狮子美的形象不也隐喻了这位女子内心可爱的一面吗？如此说来，将悍妻蛮女比做狮子吼又似乎并不过头，反倒是另有一番隐情。胡乱揣测，不知东坡先生能否苟同？

东坡先生不愧为大文豪，一首"河东狮子吼"的诗句就成了流传千古的民间掌故，不妨冒昧地问一句：苏老先生，您可曾听过真正的狮子吼叫吗？

甩尾狮　高6厘米

牛马不如

　　唐长沙窑蕴含的文化是这样的丰富，以至中国古代文化的任何一类似乎都能在长沙窑找到印证，牛和马所构成的文化也不例外，现略取长沙窑两件小的牛马雕塑与大家一起欣赏。一个镇纸实际上就是一头卷伏的水牛，体形饱满优美，神态安详自在，牛角经过艺术处理朝内弯曲，角后的毛发进行了夸张而呈大的卷曲状，全身施青色的釉，褐釉突出了毛发并点缀全身增加了美感。另外是一头可爱的小马，体态曲线完美，肌肉张力适度，马头轮廓稚圆，表现的是一匹刚刚成熟的幼马，马上的人物头部已无从寻觅，紧抓鬃毛的双手所体现的动感依然触目，青黄色的釉面虽然大部分都已脱落，但不影响整体的优美。

　　人类从诞生的那一天起，就与自然界的动物结下了不解之缘，作为长期处于农业社会的我国，如果需要评选哪些动物对社会和文明的贡献

马
高7.6厘米　长8厘米　宽4厘米

最大，或者说对人类的贡献最大，结论应该是非牛即马。尽管日常生活中大量接触到的是猪、羊、鸡、鸭、鱼等，但这些毕竟只是人们的"盘中餐"而已，至于虎、豹、熊、狼等则仅是大自然中的一种生物存在。而牛和马却能够构成社会生产力，它们为推动农业文明的进步与发展功不可没，在动物界中无与伦比，选为动物明星当之无愧。

人们总是以忧伤的心情谈论牛：吃的是草，挤出来的是奶。日出而作，日落而息，耕耘负重，受尽鞭挞，年复一年，无怨无悔。临到成为一头老黄牛，不中用了，还要被人宰杀作为食物，此刻，老牛总会望着主人流出辛酸悲哀的眼泪，人们也会发出同情的叹息。

谈起马来人们就昂扬得多，龙马精神，万马奔腾，马到成功。马是速度和力量的代表，昭示着一种积极向上、势不可挡、飞速前进的

牛
高4.3厘米　长10厘米

精神。人们很早就设立驿站，借助马的速度，跋山涉水，传递着书信。金戈铁马，驰骋纵横，战马的使用，提高了战士前进后退的速度，增强了攻击的力量，提升了战争的层次。因此也扬唱了无数的胜利凯歌和虽败犹荣的英雄赞歌，"何人横刀立马，唯我彭大将军。""青山处处埋忠骨，何必马革裹尸还。"还有如同现代的小轿车一样作为人们代步的坐骑，作为长短途运输的工具，作为耕地拉磨的苦力劳作，马扩张了人的速度和力量，成了农业社会的先进生产力，为人们带来巨大的利益和财富。

牛马的这些功能是由它们自身的生理条件决定的。牛马个体较大，力量较大，马更是兼具力量和速度，按现代力学的观点就是有较大的质量和速度因而具备较大的动能，加之牛马相对容易被人驯化和驾驭，绝不以人为食，其他动物很难同时兼备这些优点而与之匹敌。

牛与马的生产力的发挥，除给人们带来巨大的物质利益外，也作为一种文化现象渗透到思想、文学、艺术等领域，大大丰富了中国的语言和文字，促进了人类文明的发展。扬鞭跃马——催人奋进，老牛负重——长者的神圣职责，马不停蹄——丝毫也不能倦怠，牛脾气——倔强的代名词。"霸王别姬"之后，项羽的战马投江自尽以告谢主人，唐太宗为纪念战功赫赫的八匹战马雕塑了八骏图成为艺术的瑰宝，徐悲鸿笔下的奔马总让人产生复杂的共鸣，人们用文学和艺术抒发着对马的感情，用牛郎织女编织着天上人间美丽的爱情。牛马更多地进入到口头语中，"马上"意味着快，"顶牛"意味着吵架，"牛市"标志股市利好，人欢马叫，是快乐的宣泄，牛马原本的形象和功能人们可以淡忘，而隐藏的意涵和象意却深深地扎根在中国的语言文字之中，不论时代如何变化可能都难以改变了。

我们历数牛马为人类立下的功劳，我们欣赏牛马所构成的优美文化，是一件轻松惬意的事。殊不知，当老牛背负着铁犁在田野里辛勤耕耘时是何等的艰难，当铁骑载着勇士在广袤的战场上浴血奋战时是何等的英武，当千里马日夜兼程飞速地传递令箭和信息时又是何等地忘我。为了人类的利益，牛和马付出的实在是太多、太多了，可是它们依然吃的是草，住的是牛棚马厩，挨的是鞭子，它们实在是太苦、太苦了，得到的回报是太少、太少了。人们动情地将心比"心"，因而当人们在人生曲折中际遇到类似的经历时，也往往无奈地发出"做牛做马"、"牛马不如"的牢骚和感叹！

马贴花残片
高7.5厘米　宽9厘米

胡人骑马
高4.2厘米　长4.8厘米

动物雕塑面面观

动物　高5厘米

动物　高6.8厘米

动物　高5厘米

　　动物是人类的朋友，从盘古开天始，人和动物就共处在一个地球上。有帮助人的动物，也有袭击人的动物，人与动物有相依为命的时候，也有不忍相恶的情景，当然这都得在一定条件下才发生。相比较而言，人对待动物要复杂得多了，有喜、有爱、有怕、有恨、有情、有缘，总的说来，可爱有加，喜爱有理，热爱有情，少不得一个爱字。且不说那些活泼可爱的小猫小狗，也不说那些代人苦力的牛马骡驴，单是餐桌上维持人们身体健康的鸡鸭鱼肉也让人垂涎三尺。人类有的是智慧，就是豺狼猛虎，也可驾驭驯化，变害为利，为人所用。更何况有人将人类的情感假借在动物的身上，就编织了无数的美丽动人的神话故事和传说，西方的美人鱼，东方的白蛇传，现代的黑猫警长，古代的聊斋仙狐……看来人和动物的关系也是说不明，道不白，理不清，扯不断，还得永远地共生共处下去。

　　而且，人们又将动物的形象赋予各种艺术形态，诗歌小说、绘画音乐、戏剧舞蹈，雕塑更是不离其外。

　　唐代的长沙窑对动物情有独钟，窑工们凭着两只手，以无限的想象力，捏制雕塑了大量的神态各异的动物形象的瓷器，海陆天空，飞禽走兽，无所不包。每一件都无不惟妙惟肖，动人传神，令人叹为观止。

狮枕

高7.6厘米　长13.8厘米　宽8.2厘米

通观长沙窑的这些动物雕塑，如果按用途来分，有实用型和艺术型两种。

实用型是将动物的造型与实用的器物结合在一起，如瓷枕、镇纸、烛台等。主要目的是实用，由于有了动物的参与，妙趣横生，其乐陶陶。请看一个瓷枕，一只小狮卷着尾巴，匍匐在枕面和底部之间，协调融和，恰到好处。小狮摆出一副承接重荷的姿态，面部安详宁静，仿佛告诉主人，放心地睡觉吧，大可高枕无忧。宁静的小狮，沉静的蓝花花，珠联璧合，巧夺天工。设计和制作都堪称一流。

艺术型则是众多的动物造型的玩具和少量的纯艺术品。在玩具中也有将胎体掏空做成能够吹奏音乐的埙。这些动物造型中，有小鸡、母鸡，有小鸟、大鸟，有小狗、小猪，有青蛙，更有狮子，甚至还有犀牛。作者善于捕捉这些动物最可爱的一瞬间，或依偎，或欢跑，或回头，或起跳，无不趣味盎然，使人爱不释手。纯粹的艺术品可是千金难求，今见一瓷狐狸，可惜只剩下头部，就看这个头部也令人惊异：狐狸张着亮亮的眼睛，妩媚而警惕，尖尖的鼻子，敏锐地嗅着异常的气

动物
高2厘米 长4厘米 宽4厘米

味，了不得一个"月光下的搜狐"，神形兼备，其艺术水准今人也会自叹不如。

长沙窑动物雕塑的艺术风格也是多种多样的，有写实的，细致入微，毕真毕现，如居高的鹰雕。有写意的，以轮廓线条取胜，给你留下无限的想象空间，如站立的小羊。同样是狮子，作为玩具，则是面带微笑，张开嘴欢快地奔跑着，尾巴随风飘扬。作为守门神，则是怒目威严，张着似乎吃人的大口，望而生畏。欣赏着古人的艺术创作，你会得到无尽的享受。

长沙窑动物瓷器的制作工艺以捏塑雕刻为主，也有模压成型的，如图中的乌龟和鱼等，这样，有利于降低成本和提高效率，而且可以批量生产，即或如此，由于模具制作的精良，其艺术价值依然很高。

长沙窑的先民们给我们留下了丰富多彩、绘声绘色的动物瓷器，看着这些艺术品，我们仿佛在唐朝的艺术长廊里飘游，先辈们热爱动物、热爱自然、热爱生活的激情震撼着我们的心灵。看看眼前的世界，扪心自问，我们为大自然，为大自然的动物都做了些什么呢？用先哲"天人合一"的哲理启动我们的智慧，用长沙窑的灵气弘扬我们的精神，结束贪婪的掠夺吧，回到大自然的怀抱中去！

动物　高4厘米

动物　高3.5厘米

动物　高3.6厘米

动物　高3.2厘米　长4.5厘米

动物　高3.8厘米

动物　高4.5厘米

动物　高5厘米

动物　高3厘米

动物　高5厘米

动物　长3.5厘米

动物　长7.6厘米

动物　长7.8厘米

动物　高4.2厘米

动物
长18.8厘米　宽7.5厘米　高2.3厘米

动物　长5.5厘米

动物　高3厘米　长8厘米

动物　高4.5厘米

动物　高3.6厘米

动物　高5厘米

动物　高4厘米

动物　长3.6厘米

动物　高3.6厘米　长6厘米

动物　长8.5厘米

动物　高3厘米

动物　长4厘米

动物　高4厘米

艺术化的工具

人为万物之灵的重要标志就是会制造工具。各类工具的发明创造使人们如虎添翼，极大地提高了生产力，促进了社会的发展和进步。对工具的使用和认识亦早已突破了原本的内涵，上升为一种追求效率的思维模式与行为方法。《论语》所说的"工欲善其事，必先利其器"乃万古名言。俗话所说的"磨刀不误砍柴工"同样生动地说明了生产活动与工具的关系。因此，在社会生产的各个领域，各位能工巧匠对自己所用的各类工具无不讲求制作精良，以期发挥最有效率的作用。

长沙窑的工艺水平在当时已达到相当高的程度，相应地也就必然制作了许多富有创意和精美的工具。随着岁月的流逝，许多金属和木（竹）质的工具因锈蚀或腐化消失了，以陶瓷制作的工具却因其耐腐蚀的特性得以保存且不时浮现出来，让我们有幸观赏并从中领略到制作者的风采。

这是一个窑工经常使用的擂头（也叫锤子），因无需上釉而露出几近白色的胎体，用细腻的瓷土制造并经高温烧结而显出较高的硬度。内部做成空心减轻了自重，上部的直径大小正好符合手握的习惯，下部呈曲面的"头"因大量使用已经损坏，仅仅留下十分光滑的边沿。就使用功能而言，应是一件非常称心如意的工具，周全的设计和规范的制作都从一个侧面反映了长沙窑瓷器生产的水准，从它的用途更

锤子
高11.8厘米　腰径9.2厘米
口径6厘米

加证实了铜红釉的首创远早于宋代的钧窑。

除了实际用途之外，它的精彩之处还有制作者或称"匠 人"在其上用深红色的彩釉书写的文字和绘制的一幅唐代的人物画。加之在顶部的圆环上也没有忘记用同样的彩釉绘出几条短线条作为装饰，构成了一件精心制作的艺术品。彩釉的质量是这样的好，与胎体结合得是这样的紧，擂头虽经反复重载使用以致都穿了底，深红色的彩釉却历经千年岁月的磨蚀依然夺目灿然。现在看来，这个艺术化的擂头已经完全超越了它的使用功能，字画的价值也远远超出了它的装饰作用。

它的文字由两个相对方向一共十九个字组成：

"研铜末锤子，一两。"

"咸通八年六月下旬，匠人高防。"

咸通八年为公元867年，即是说867年6月下旬，把擂头的制造时间交代清楚了。"匠人高防"，擂头的制作者也交代清楚了，是一个叫高防的长沙窑工匠做的，是自用还是由他人使用则不得而知。于所制的陶瓷件上留名在唐代之前就有了，一般都留在自己最得意的作品上，原来也许不过是一种自我欣赏吧，不料因此而千古留芳。其次，唐朝的宫中及朝廷用品与军需品曾征雇了大量的工匠专门制造，规定凡制成的器物上都须署上工匠的姓名，流风所及，对长沙窑的许多瓷件上同样多出现制作者的署名也不无影响。

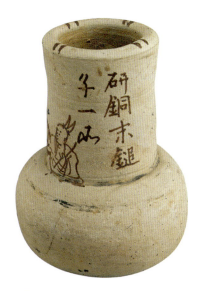

古代的铜件在制成后都要用锉子磨光，因此会产生许多铜末，还有因为需要铜粉而专门锉下来的，但是仍然颗粒较粗，必须要细研成粉，这把擂头或锤子就是研铜末用的，大概是每次可研一两。从长沙窑铜红釉的残片经中国科学院上海硅酸盐研究所化验证实，其红釉的含铜量为1.51%，说明了当时的釉料的确人为地掺和了铜元素，并且釉料的配方实行了量化，釉料的设计和制作都达到相当高的水平，证明了釉下彩的发明确实是陶瓷技术的一个重大进步。

用硬笔书写的文字，基本上是行书，刚劲瘦硬，从容逸雅。唯一的草书——"两"字，是一笔写成，运笔潇洒，如流水行云。从一位匠人信手所书，亦可略窥唐人书法的风采。

釉下彩的技术为绘画提供了有效的手段，长沙窑的瓷件上出现了众多的花草鸟兽的形象。可是不知是什么原因，人物画甚为罕见，现世寥寥无几。这个擂头上的人物画，画的是在釉料研磨工场里的一个年轻匠人，端坐在研磨台旁，昂首抬臂，神采飞扬，充满了自信和自负。是一幅简洁的人物素描，线条流畅，人体结构把握得十分准确，特别是眼、鼻、口的处理，几个略有不同的圆点，却如画龙点睛之笔，将这位匠人少年得意之态活生生地表现出来。余以为或许就是这位高防先生的自画像。头上画的两只角突现了年轻主人公才高八斗的傲气、盛气，更增添了整体漫画化的特色，犹如华君武漫画中的人物，又像张乐平笔下的"三毛"。

唐朝的书法和绘画都达到了很高的水平，但是这些字画大多绘在绢上，千年的岁月已将它们无情地破坏掉了，存世的极少极少，极少的里面也多是后世的临摹品，而且人物画都属于工笔，不见有同于现代漫画笔触的。凭着不朽的陶瓷，长沙窑的这把擂头将唐时的文字和绘画同时地展现在我们眼前。尽管是一个民间艺人的作品，但这个民间艺人即使在现代的瓷器行业中也足以称得上是大师级的人物。因此，笔者特将文字重加组合编排，并经电脑处理，组成了一幅符合现代审美情趣的平面的高防漫画，以供大家欣赏。

研銅末鎚
斤一以
咸通八年
宥下旬匠
人高防

长沙窑匠人写意图

兴衰的沉思 —— 从开元三年到南唐

崛起在长沙市附近、湘江边石潴湖（现在只剩石潴河了）畔的长沙窑，已经是一千年前的事了。大致从初唐后期开始，延续到五代十国，不过二百多年的光景。这二百多年间，长沙窑创造了无比的辉煌，制造了大量的千姿百态、造型奇特的陶瓷器，在瓷件上绘出了无数色彩纷呈、美好艳丽的图画和文字。釉下彩的发明更是其辉煌的至高点。这种辉煌很快就消失了，湮灭了，消失在历史的文献记载中，消失在人们脆弱的记忆中；湮灭在群山环抱之间，湮灭在河滩沃土之下。由兴而衰就是一二百年！

眼前的这只瓷碗或瓷钵来自长沙窑，其高度为11.5厘米，口径为23.5厘米，圆饼足径为10厘米，兼具有岳州窑青瓷的典型特征：口沿卷边，碗内底部有叠烧支撑架的五点痕迹，青釉带有玻璃质的光亮。

碗(开元三年)
高11.5厘米   口径23.5厘米

同时又具有别于岳州窑的长沙窑的典型特征：在釉面之下，胎体之上加施了一层白色的化妆釉，在青釉未到之处十分明显。在碗的底部赫然刻上了"开元三年"四个大字，显然是当时还没有发明釉下彩，还不知用色釉在胎体上书写文字。这只瓷碗尺寸较大，胎体较薄，其工艺精致，制作规整，色彩和造型都很优美，应是长沙窑的早期产品无疑。

再来看也是来自长沙窑的一只瓷碗，其高度为7.5厘米，口径为17.5厘米，圈足外径为6.5厘米。口边为卷唇，瓷土粗糙，砂粒显现，工艺不甚讲究，进窑烧结后变形颇大，但釉面尚佳。最不可取处是胎体较厚，愈往底部愈厚，因而显得沉重但也使人有结实的感觉。醒目之处是在碗内底部用褐釉写有难得的两字："南搪"！显然此"南搪"应该就是"南唐"。

这两只碗从开元三年（公元715）到南唐（对于湖南最早为公元951年），历经了二百三十六年，从好到差，从兴而衰，正好见证了中国一段从繁荣富强走向积贫积弱的历史，也说明了国家的强弱，社会的盛衰和人民利益休戚与共，就是长沙窑也难逃其兴衰的命运！

"开元"是大名鼎鼎的唐玄宗李隆基的年号，史称盛唐之初。白居

碗（南搪）　高7.5厘米
口径17.5厘米

易一曲《长恨歌》演绎的就是这位皇上与杨贵妃悱恻缠绵、感天动地的爱情故事，脍炙人口，流传至今。公元712年，李隆基正式登基，挟击碎韦后女皇梦之余威，杀太平公主及其余党，随后将唐朝推进到了封建社会的顶峰。如果说唐太宗李世民的"贞观之治"还只是奠定了唐朝发展的坚实基础，那么开元年的前中期唐朝的确繁荣昌盛，国威远播，人民安居乐业，丰衣足食。但是好景不长，随着战争连年不断与"安史之乱"以致内忧外患，经济不断衰落，生产力不断遭到破坏。开元三年及以后若干年正是唐朝的最好时期，长沙窑在这个时期兴起并得到突飞猛进的发展。

公元896年，驻守湖南的马殷实行割据，建立楚国。尽管中国处于五代十国的分裂动荡之中，偏守一方的楚国相对安定，长沙窑还在继续发展。以后马希萼、马希崇所统治的楚国内战不休，加之天灾不断，湖南的大地上充满了流血、饥荒、民不聊生……长沙窑也无可奈何地走上了穷途末路。公元951年楚国虽被南唐灭亡，有趣的是后来写有"问君能有几多愁，恰似一江春水向东流"的南唐后主李煜在灭楚不到十年自己也成了宋朝的阶下囚。那位在瓷碗里写上"南搪"二字的老窑工是无意写了别字，还是出于对南唐的蔑视，抑或是对当时困苦处境发出的愤怒和哀伤呢？

长沙窑一前一后的两个瓷碗经历了二百三十六年，转了一个大圈后，又回到了原来的位置上。其实，我认为，除了基本技术得以保留外，综合各项指标，整体而言，连原来的位置都达不到，而是向后下滑了一步。这不正是唐以后，公元第二个千年一个个封建世袭王朝轮回历史的写照吗？

在浩如烟海的中国古代文化里，长沙窑只不过是一朵小小的浪花，但它毕竟是湖湘文化的一个闪光点。新的千年已经到来，推翻了三座大山的湖湘民众，沐浴着改革开放的春风，一定能创造更加灿烂辉煌的文化，中华民族的复兴一定会到来！

从羊羔跪乳说起

羊羔跪乳
高7.5厘米　长9.5厘米　宽6.5厘米

　　一只母羊半蹲着，两只小羊羔依偎在母山羊的身边，跪着吃奶，这是长沙窑的一个组雕。羊本来就是很温顺的动物，而哺乳中的母羊自然更加温顺可亲。母羊的体形饱满而优美，她用壮实的身子护着小羊，侧着头，一双原本就很温存的眼睛以无限的柔情爱意顾视着两只吸乳的小羊羔，体态和神情充满了羊的母爱。两只小羊感激般地跪在母羊的身边，吸吮着母羊给予的奶水，感受着母羊带来的温暖。虽是以泥土烧制的瓷器，而且铺满表面的绿釉大部都已脱落，也没有影响整体的温馨、恬静、和谐，点缀的褐彩釉增加了欢乐的艺术效果。

　　组雕的创意当然首先来源于羊群的自然生活，但更多的可能来自于封建社会大力提倡的道德规范之一的孝道，"羊申跪乳之志"，"牛怀舐犊之恩"，这些在唐朝社会作为形象化生动宣传的口号已是家喻户晓，在长沙窑的普通日用瓷器的文字装饰中也能看到这些字句。

　　小羊羔跪着吃奶，这是一个自然现象。母羊对子羊的爱是一种

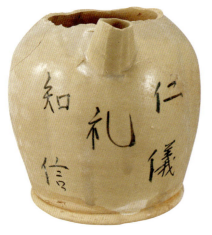

文字壶
残高12.2厘米 底径10.8厘米

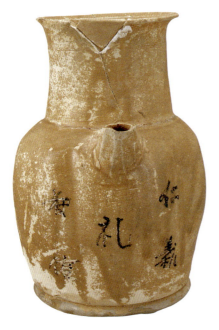

文字壶
高19厘米 口径9.2厘米

出自本能的母爱，这种母爱由于它的博大无私，的确是一个值得称道的美的自然现象。至于缺少思维的小羊在吃奶时是否因为对母羊怀着一份感激之情，甚至从此就立志长大后对母羊如何如何报答，恐怕是言之无据，凭空猜想的了。这是人类因为自身需要而对这种自然现象的一种拔高的解释。当然，这种拔高是非常艺术的，目的是为了宣传孝道而作的一个形象化比喻，因此无可非议。子女对父母特别是对年迈体弱的父母的关心和照顾是人类社会的需要，封建社会需要，现代社会也需要。在人类社会中，父母对于子女的爱，有基因遗传的本能，也出于对未来的希望，还有一份社会责任，是无私的，全心全意的。而子女对父母的爱，有基因的因素，有共同生活形成的情感，更多的是道义的和社会的责任，因此就不是人人都必然具备的，恰巧这种爱（或者是回报）又是父母特别是年老的父母最需要的（这种需要有物质上的，也有精神上的）。父母的需要就是社会的需要，这就有一个后天的教育和灌输。孝道的形成并成为了社会的道德准则而被予以大力宣传和发扬，也是天经地义的。可是，当孝道成为封建伦理的一个组成部分而加上神圣礼教的意义时，就出现了许多的是是非非。

中国长期的封建社会形成了一整套的伦理道德，其核心是君为臣纲、父为子纲、夫为妻纲的"三纲"和仁、义、礼、智、信的"五常"，在长沙窑得到了充分的表现。两个长沙窑的青釉瓷壶，其流嘴下都写有清晰的五个字：仁、义、礼、智、信。一把壶，壶口已不复存在，釉面呈淡黄色，光亮如新，五个乌黑的字迹对称分布于流嘴下，"义"写成了"仪"，"智"本来与"知"通，"礼"是古字，这两个字都没有错。字体是行书，当然还谈不上好，但这一位文化不高的唐代窑匠所信手写的硬笔书法，却将这把瓷壶装饰得分外雅致，应是釉上彩。另一把壶，虽有壶口但已破损，橘黄色的釉面历经千年已经斑斑点点，五个字也如前者一样对称分布在流嘴下，虽有剥落但仍可辨，"礼"也是古字的写法，"义"字和"智"字都很规范，字体为行楷，应是釉下彩。

仁、义、礼、智、信，这五个字的含义在中国的所有汉字中可能是内涵最丰富的了。千百年来，无数的儒家学者解释这五个字的文章著述浩如烟海，固然是封建统治者为了皇朝的江山稳固，与"三纲"相配合作为维护封建等级制度的道德教条。但如果就这五个字进行直解，却正是人人所应遵循的准则，没有谁会愿意被别人评价为是不仁、不义、不礼、不智、不信的。

在提倡"以德治国"、构建和谐社会的今天，我们可以对这五个字就其原有的内涵作出正确的解释，即：仁者，爱也，社会关怀也；义者，正也，弘扬正气也；礼者，文明礼貌也，时时注意检点自己的行为也；智者，智慧也，努力追求知识也；信者，诚实为人，讲求信誉也。平心而论，这些对协调人与人之间的关系以及建立起社会共同遵守的准则是必需的。作为处于社会激剧变革，并欲建立一个更为文明、更为发达、更为美好社会的中国人民，难道不该从长沙窑保存下来的古代文明和文化中，从这些古代伦理的词语中得到很多的启迪和思考吗？

民众的　才是永恒的

解读长沙窑

碗
高6厘米　口径15.6厘米

绘画碟
高3.6厘米　口径14.8厘米

彩狮头
高5.5厘米　宽5.8厘米

　　说长沙窑是官窑，不管怎么搜肠刮肚，也找不出多少理由。首先，没有任何的官方文字记载，不论是中央的还是地方的，也基本没有民间的文字记述，民间的诗文中对长沙窑偶有零星半点的涉及，也只是长沙窑一千年前存在于长沙铜官石渚湖的蛛丝马迹的证明。其次，现存的和出土的实物中也很难找到官窑的佐证，既没有官方特定使用或定制的器具，偶尔出现"国士饮"之类的文字，也远远不能成为官窑的铁证。

　　要说长沙窑是民窑，其证据却详实而充足。

　　长沙窑的规模是庞大的，其产量是巨大的。据至今考察发掘的结果，已发现唐代烧窑遗址19处，占地约30多万平方米。仅存的唐人李群玉论及长沙窑的《石渚》诗中有"焰红湘浦口，烟烛洞庭云。四野煤飞乱，遥空爆响闻"的描写。可见当时当地的生产规模是何等庞大，生产场地何等热火朝天。现已出土的瓷器数以千计，遗址尚存的瓷件堆积，其厚度，其范围，蔚为大观，地面上残存的瓷片比比皆是。据说在印尼附近海域发现的沉船上，仅长沙窑的瓷器就有六万多件，可见当时的产量是何等巨大。这样大的生产规模和产量面对的消费对象当然只能是广大的人民群众，以皇帝为代表的官方少数人能用多少瓷器呢？

　　长沙窑现存的实物中，大量的无非是碗、碟、盆、钵、壶、瓶等日常用品，或炊具、茶具、酒具、文具、灯具，或盛放食物和生活物品的容器，这一切都与普通百姓的生活息息相关，很少有纯粹用于摆饰的工艺品。即或雕塑了许多的动物和人物也是和枕头或镇纸等连为一体，要不就是小孩的玩具，顶多再有一些神具而已。因为多不是精雕细琢且题材大众化而难登官府之堂，更不用说进入宫廷了。

其形制、其绘画、其贴花、其诗文所反映的也是民生、民俗，民情。现代及近代的瓷瓶无不雕龙画凤，异草奇花，才子佳人，即或有系，也是全为装饰，瓶或硕大，或小巧，无非是大厅或居室摆放的花瓶。长沙窑也有瓶，盘口、细腰、鼓腹，四系安放腰下，与安格尔的油画《泉》中的瓶如出一辙，完全是汲水的用具，系则是提水必不可少的配件。现代的花瓶是古代实用的水瓶的变种和异化，已经面目全非了。而长沙窑的瓶则是民众生活不可或缺的用品。绘画及贴花的内容多是莲荷满塘，鸳鸯戏水，莲（连）生贵子，奔鹿孤鹜飞鸟等民俗、民意的表露。在陶瓷的发展史中第一次用釉汁书写了大量的诗词文字，诗歌中有唐朝广为流传的诗人的作品，不少是窑匠们自己的创作。文字则主要是记年记事，格言警句，村言俚语。这些诗词文字基本上都不涉及仕途、官场等类的政治内容，大量反映的是普通百姓的喜怒哀乐，生活诉求，如"春饮"，"美酒"，如"悬钓之鱼悔不忍饥"，"人生误计悔不三思"。有一把小执壶上有一首诗："冬日多长夜，一

绘画壶
高18厘米　口径8厘米

绘画壶
高18.6厘米　底径12.9厘米

酱釉壶
高19厘米　口径8.5厘米

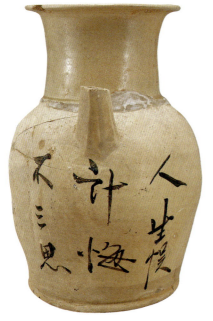

文字壶
高22厘米　口径12厘米

天二更初。问心思逐客，门口问经夫。"说的是妓女受尽煎熬，十分厌倦，有心赶走客人，敢于驱赶嫖客的妓院应不是十里京华的高级青楼，只能是乡间集镇普通的窑子，这类妓院的客人是些什么人不言自明，显然，诗歌反映的只是普通民众的灰色生活而已。这样，长沙窑所揭示的民情、民意、民心不是清清楚楚，历历在目吗?

唐朝经济繁荣，生产力和购买力都很强劲，以商品交换为目的的市场经济十分发达。可以说，长沙窑就是市场经济的产物，长沙窑主面对市场的竞争，不断开发和调整产品，满足客户的需要，以获取最大利润。酒店茶肆的酒具茶具，寻常百姓的杯盆碗罐，儿童少年的玩具乐器……莫不是长沙窑制造的产品。甚至开展来样订货，远销亚洲非洲，进行国际贸易。市场经济不是官府所能控制的经济，市场经济中的长沙窑自然是民众的窑口。

综上所述，长沙窑不是官窑而是民窑应是不争的事实。

长沙窑虽然已成为历史，但是，它的随市场经济发展而发明和攻克的釉下彩技术，特别是红釉技术、贴花技术等等新技术，和它的以人民性、大众性为代表的民本思想和市场意识不因它的衰落而消亡，将和它那无数的瓷器实物一样，存在了一千年，并将永恒。

汲水瓶
高26厘米　口径12.9厘米

水滴
高6.5厘米　口径2.2厘米

文字壶
高16.2厘米　口径7厘米

后 记

　　任何一项新技术的发明都能带来新的文化现象，促进社会的发展，如纸张、电脑的发明。长沙窑釉下多彩技术的发明及大量应用使得长沙窑的历史地位远远超出了陶瓷工艺的范畴，呈现出多彩多姿的文化表象和内涵。而这种文化是在盛唐强大政治、经济、文化的背景下产生的，是一种民间文化，也是对当时社会生活的一个折射。本书尝试从文化的角度与唐代长沙窑的先民对话，藉以引起大家的共鸣和关注，并对长沙窑作一些力所能及的宣扬。本人毕竟长期从事电力工作，既非长沙窑研究专家，也非文化工作者，只是因为被长沙窑丰富的艺术形态和人文思想所感染，以一个业余爱好者的激情，有感而发，难免荒腔走板，祈盼各位专家指正，也请读者见谅。在本书的写作和出版过程中，得到许多朋友的鼓励和支持，特别是得到苏士澍、陈华莎、贾英华、潘衍习、白立江诸位先生的鼎力相助，在此一并致谢。

刘美观

2006 年 3 月 21 日于长沙星电花园